한뼘
고전

한뼘
고전

1판 1쇄 발행 2020년 12월 1일

지은이 배기홍 / **펴낸곳** 갈라북스 / **출판등록** 2011년 9월 19일(제2015-000098호) / 경기도 고양시 덕양구 중앙로 542, 707호(행신동) / **전화** (031)970-9102 **팩스** (031)970-9103 / **펴낸이** 배충현 / 홈페이지 www.galabooks.net / **페이스북** www.facebook.com/bookgala / **전자우편** galabooks@naver.com / **ISBN** 979-11-86518-45-8 (03190)

이 도서의 국립중앙도서관 출판예정도서목록(CIP)은 서지정보유통지원시스템 홈페이지(http://seoji.nl.go.kr)와 국가자료종합목록 구축시스템(http://kolis-net.nl.go.kr)에서 이용하실 수 있습니다. (CIP제어번호 : CIP2020046274)

한 뼘 고전

배기홍 지음

갈라북스

대화에 양념이 되는 한자숙어 이야기

  우리가 동양문화권에 뿌리를 두고 있는 한 일상생활을 하는데 한자(漢字)나 한문(漢文)의 영향에서 완전히 벗어나기는 현실적으로 어려운 일이다. 그러기 때문에 어린아이에서부터 나이 많은 노인에 이르기 까지 남녀를 불구하고 통상적인 대화를 나누는데 한자(漢字)에 기초하는 관용구(慣用句)나 한문숙어(漢文熟語) 한 두 마디 정도는 자신도 모르게 말 속에 섞이어 나오고 있음을 자주 경험 할 수 있다.

  더욱이 근대화 과정을 거치며 한문 교육의 맥(脈)이 제대로 이어지지 않아 한문공부를 할 수 있는 기회가 줄어들고 대중적으로 흔하게 통용되고 있는 최소한의 한문상식조차 얻을 수 있는 길은 갈수록 좁아지는 실정이다. 그런데도 아직까지 한자문화(漢字文化)가 우리 의식(意識)의 저변에 많이 깔려 있고 앞으로도 쉽게 없어지지 않을 것임은 누구도 부인할 수 없을 것이다.

그래서인지 청소년을 비롯한 주변 사람들로부터 고사성어(故事成語)나 한자 등에 대한 질문을 받을 때가 종종 있는데, 아는 대로 대답을 해주면서도 확실하고 명료하지 못한 아쉬움을 갖는 때가 가끔 있다.

이와 같은 경험은 비록 나만이 아니고 누구나 겪을 수 있겠다는 생각에 어른들은 물론 젊은이나 어린이들까지도 평상시 대화하면서 무심히 나올 수 있는 친근하고 관용(慣用)적인 고사성어나 교양숙어(教養熟語)를 모아 알기쉽고 사용하는데 도움이 될 수 있는 길을 찾아보겠다는 마음에서 이 책을 펴내기로 했다. 그러면서 좀 더 이해의 폭을 넓히고 쉽게 잊혀 지지 않도록 연관되는 어원(語源)과 유래(由來)를 찾아 제시하려고 했지만 재료와 지면 관계상 여의치 못한 점 또한 양해를 구할 일이다.

옛말에 "말 한마디로 천냥 빚 갚는다"고 하듯이 요즘처럼 서로간의 이해관계가 다양하게 얽히는 사회에서 간결하고도 깊은 뜻이 담겨 있는 한자숙어(漢字熟語) 한두 마디를 적절하게 사용할 수 있다면 나름대로 교양과 품위를 높이면서도 정확한 의사전달에 도움이 될 것이다.

참고로 이 책에 나오는 '고사성어(故事成語)'는 옛날에 있었던 사례, 특히 한자의 고향인 중국 고대역사에서 유래되어 관용적으로 쓰고 있는 한자성어(漢字成語)를 염두에 두었고 '사자성어(四字成語)'는 평소에 자주 쓰고 있지만 일정한 유래나 출처가 분명치 않고 단순히 넉자의 한자(漢字)가 합성되어 하나의 숙어(熟語)화된 것으로 구분 하였으니 읽는 이에 따라 적절하게 판단해주 길 바란다. 또한 이 책의 내용은 어느 한 두 분의 저서나 자료에서 인용했다기보다는 평소에 가까이 하던 각종 서적이나 인터넷 등에서 발췌하며 필자의 생각을 첨삭(添削)하느라 특정하게 출처를 밝힐 수 없었음을 송구스럽게 생각한다.

끝으로 이 작은 책자로 인해 보다 많은 사람들의 일상적인 대화에 도움이 되고 한자와 한문의 이해를 넓히는데 조금이라도 보탬이 된다면 더 없는 영광으로 생각할 것이다. 여러 측면에서 부족하고 미흡한 점이 있더라도 읽은 이들의 많은 양해를 바라는 바이다.

_ 晩實 裵 基 鎭

목 차

二部 · 정직하고 성실하게

三部 · 기회와 용기를 잃지 말자

四部 · 매사에 최선을 다하라

五部 · 늘 감사하는 마음으로 살아라

一
部

건강은 가장
소중한 재산

외유내강
外柔內剛

—

겉으로는 부드럽지만 속마음은 강직하다

겉은 부드럽고 순한 듯하지만 속은 곧고 꿋꿋하다는 뜻으로 성격이 겉으로 보기에는 순하고 부드러운 것 같으나 속으로는 곧고 강직함을 이르는 고사성어이다. 사람의 성격을 말할 때 많이 쓰는 표현으로 겉보기에 부드럽고 마음도 인자하게 보이지만 속마음은 의외로 강단이 있어 자기 고집대로 일을 처리하는 사람을 일컫는데 이와 반대의 경우 내유외강(內柔外剛)이라는 말도 비슷하게 사용되고 있음을 볼 수 있다.

중국 당(唐) 나라 때 노탄(盧坦)이라는 사람이 황제가 절도

14

사로 임명한 요남중(姚南仲)의 인물평을 할 때 외유중강(外柔中剛)이라는 말을 했는데 이때 노탄의 말에 나오는 중강(中剛)은 내강(內剛)을 뜻하는 것으로 외유내강은 노탄전(盧坦傳)에서 유래되었다고 전해진다.

한편 중국 고전인 주역(周易)의 천지비(天地否) 괘(卦)에도 "안은 음이고 밖은 양이며 안에는 유하고 밖은 강하다"는 말이 나오는데 외유내강은 그 반대의 뜻임을 알 수 있다.

우리나라에서도 조선 선조(宣祖) 때 영의정을 지낸 신흠(申欽)이 세상을 떠나자 이수광(李睟光)이 신(申) 씨는 명문(名門)이고 성품은 외유내강하여 나라의 보배였다는 말을 한 것으로 전해진다.

아무튼 외유내강한 성품이나 처세는 오늘날과 같이 다양한 사회에서 생활해야 하는 우리 세대도 본보기로 삼아 늘 견지(堅持)하여야 할 것이다.

外 바깥 외, 겉 외   柔 부드러울 유, 편안히 할 유
內 안 내, 들일 내   剛 굳셀 강, 억셀 강

천고마비
天高馬肥

—

하늘은 높고 말은 살찐다

가을은 날씨가 매우 좋은 계절임을 형용하여 이르거나 활
동하기 좋은 계절임을 일컫는 말이다. 사실 일 년 4계절 중
가을은 춥거나 덥지도 않을 뿐 아니라 오곡백과가 무르익어
수확을 하게 된다. 또 하늘도 높고 푸르러 추운 겨울 준비를
위한 가을걷이 등 활동하기에 아주 좋은 계절이기 때문에 이
런 말이 생기지 않았나 생각된다.

한편으로 중국 한서(漢書) 흉노전(匈奴傳)에 의하면 중국
북방의 유목민족인 흉노족이 활동하기가 가장 좋은 계절이라

는 뜻을 가지고 있다고도 한다. 흉노족은 중국 북쪽의 척박하고 광활한 초원에서 방목과 수렵으로 살아갔다.

봄부터 여름까지 풀을 먹은 말들이 살이 찌고 힘이 강해지는데 흉노족은 이때를 이용하여 겨울동안 먹을 수 있는 양식을 마련하기 위해 중국 북방의 농경지대를 약탈하는 등 북방 변경에 살고 있는 중국인들을 괴롭혔다.

따라서 중국인들은 하늘이 높고 말이 살찌는 천고마비(天高馬肥)의 계절인 가을만 되면 '언제 또 흉노의 침입이 있을까' 걱정하는데서 나온 고사성어라고도 한다.

그러나 우리는 지금까지 가을철의 좋은 날씨와 여름내 땀 흘린 결실의 기쁨 등 좋은 의미로써의 가을이라는 계절을 돋보이게 하는 말로 쓰고 있다.

天 하늘 천, 임금 천   高 높을 고, 높은자리 고
馬 말 마, 산가지 마   肥 살질 비, 기름지게할 비

군계일학
群鷄一鶴

닭의 무리 속에 한 마리 학이 있어 돋보임

닭의 무리 속에 있는 한 마리의 학이라는 뜻으로 평범한 사람들 가운데 유별나게 돋보이는 뛰어난 사람을 이른다. 이 역시 '혜소전'이라는 중국 고전에서 나온 말이다.

중국 위(魏)나라 때 죽림칠현(竹林七賢)의 한 명인 '혜강'이라는 선비가 있었는데 그에게는 '혜소'라는 매우 똑똑한 아들이 있어 임금에게 벼슬을 받으러 처음으로 대궐이 있는 서울에 가게 되었다고 한다. 그런데 대궐을 향하여 의젓하게 걸어가는 혜소의 모습을 본 그 아버지 혜강의 친구가 "혜소는 생

김새가 수려하고 자세 또한 의젓하여 마치 많은 닭의 무리 속
으로 한 마리의 학이 내려 앉은 것 같다"고 한데서 유래된 말
이라고 전해진다.

　요즘에는 여러 평범한 사람들 가운데 눈에 띄게 뛰어난 한
사람이 섞여 있음을 이르는 말로 쓰이고 있다.
　그 보다는 조금 약한 개념이지만 우리가 일상생활을 하다
보면 가끔은 여럿이 말하는 중에 유별나게 논리가 정연하고
알아듣기 쉽도록 말을 잘하는 사람이나 또는 많은 사람들 중
에 이목구비가 수려하게 잘 생기어 눈길을 끄는 사람이 있다.
　이렇게 주변의 평범함보다 출중한 사람이 있을 때 '군계일
학'이라는 말을 떠올리게 된다.

群 무리 군, 떼질 군　　　　　　鷄 닭 계, 베짱이 계
一 한 일, 하나로할 일　　　　　鶴 두루미 학, 힐 학

약관
弱冠

—

남자 나이 스무살로 어른이 되었음

약관이란 약(弱)과 관(冠)을 합쳐서 이르는 말인데 남자 나이 스무 살(20세)을 일컫는 말로 약하지만 어른으로써 갓을 쓰는 나이가 되었음을 이르는 말이다.

중국 고전(古典) 예기(禮記)에 나오는데 사람이 태어나서 10년이 되면 유(幼)라 하고 이때부터 글을 배운다. 그리고 스무 살이 되면 약관(弱冠), 약년(弱年) 등으로 말하며 이때부터 갓을 쓰기 시작한다.

또 서른이 되면 이립(而立) 장년(壯年)이라 하고 집을 갖는다고 했다. 그리고 마흔 살이 되면 불혹(不惑) 강(强)이라 하며 벼슬을 한다.

이어 쉰 살이 되면 지천명(知天命) 또는 애(艾)라고 이르고 예순 살을 이순(耳順) 또는 기(耆)라 하고 일흔을 고희(古稀) 종심(從心) 또는 노(老)라고 했다고 전해온다.

아무튼 남자 나이 스무 살이 되면 옛날에도 성년으로 인정하여 갓을 쓰고 이때부터 명실상부하게 성인(成人)으로써의 대접을 받은 것이다.

그러나 요즘에는 20대의 젊은 나이에 사회적으로 두각을 나타낼 정도로 이름을 떨치게 되는 남자에게 약관이라는 말을 붙여 칭찬이나 격려함이 돋보이게 하는 경향이 있다.

弱 약할 약, 젊을 약   冠 모자 관, 갓 관

안빈낙도
安貧樂道

—

가난하다고 행동까지 궁색할까

가난하고 궁색하면서도 그것에 구애 받지 않고 편안한 마음으로 성인의 도(道)를 즐기는 것을 비유하는 말이다. 여기서 가난이란 '물질적 가난'이라는 개념보다 '정신적인 생각의 메마름'을 뜻하는 쪽으로 풀이됨이 뜻하는 바가 더욱 크지 않을까 생각해 본다.

실제로 우리는 거의 쉬는 때가 없이 많은 생각들을 계속하며 살기 마련이다. 그 생각들에 의해 심신의 고락이 부침하기 때문이다.

더욱이 오늘날과 같이 복잡하면서도 혼탁한 사회생활에서 의연하게 매사의 시시비비에 휘말리지 않고 지내기가 무척이나 힘든 일이다.

따라서 많은 심신의 수련 없이는 결코 '안빈낙도'가 가능할 수 없을 것이다. 그러므로 성인의 도를 닦는 공부에 의한 도를 즐길 수 있는 경지에 이름이 요구되는 것이다.

부처님의 자비심에 의하여 나타나는 온화한 미소에서 우리는 평안하고 인자한 마음을, 그리고 성모마리아의 얼굴에서 아무런 욕심이나 미워하는 마음이 없이 그저 사랑스럽고 편안함을 느낄 수 있다.

이처럼 세파에 오염되지 않는 마음을 갖고 평정을 유지하면서 산속에서 오직 자연과 벗하며 살아간다면 그런 사람이 바로 '안빈낙도'를 체험하며 지낸다고 말할 수 있을 것이다.

安 편안할 안, 안존할 안　　　貧 가난할 빈, 모자랄 빈
樂 풍류 악, 즐길 락　　　　　道 길 도, 다스릴 도

죽림칠현
竹林七賢

—
대나무 숲 속의 일곱 현인

중국 진(晉)나라 초기에 정권을 잡은 사마(司馬)씨 일파가 조정의 권력을 제멋대로 휘두르고 있었다. 이때 노자(老子) 장자(莊子)의 무위(無爲) 사상을 숭상하여 죽림(대나무 숲)에 모여서 세속에 물들지 않은 청담(맑은 얘기)을 나누며 은둔생활을 하던 7명의 선비를 '죽림칠현'이라고 한다.

7명의 선비는 완적(阮籍), 혜강(嵇康), 산도(山濤), 유령(劉伶), 향수(向秀), 완함(阮咸), 왕융(王戎) 등을 일컫는다.

이들로 부터 세상의 어지러운 변화에 휩쓸리지 않고 자연에 묻혀 자유롭게 살면서 자신만의 깨끗한 덕성을 지키려는

24

풍조가 일어났다.

오늘날에도 각종 사리사욕이나 자신들만의 권세 유지를 목적으로 세상을 혼란하게 하는 사람들을 자주 볼 수 있다. 이처럼 국가와 국민을 볼모로 한 당리당략으로 세상을 어지러운 혼란 속으로 빠뜨리는 일들을 보지 않으려고 시골생활을 즐기며 조용하게 지내려는 사람들도 있다.

나라가 도탄에 빠지고 국민들의 생활이 핍박할 때는 낙향하거나 은둔해 있는 어진사람들의 슬기로운 지혜가 아쉬워지는 때도 있음을 볼 수 있다.
우리나라에서도 오백년 이어온 고려가 조선으로 바뀌면서 세상을 등지고 산림으로 숨은 선비들이 있었음을 역사가 보여주고 있다.

| 竹 대죽, 대쪽 죽 | 林 수풀 림, 많을 림 |
| 七 일곱 칠, 일곱 번 칠 | 賢 어질 현, 어진사람 현 |

점입가경
漸入佳境

—

경치나 문장, 사건이 갈수록 재미있게 전개 됨

어떤 일의 상황이 갈수록 재미있게 전개되거나 경치가 점점 더 아름다운 경지로 들어가는 것을 '점입가경'이라는 사자성어로 표현한다.

중국 진나라 때 '고개지(顧愷之)'라는 성미가 괴팍한 사람이 있었다. 그는 사탕수수를 즐겨먹었는데 다른 사람들과 달리 언제나 끝(꼬리)쪽부터 먹었다고 한다. 이것을 본 다른 사람들이 의아하게 생각하며 그에게 "왜 꼬리쪽부터 먹느냐?"고 물었다. 이 물음에 고개지가 아주 익살스럽게 "꼬리 쪽부터 먹어야 점점 더 단맛이 난다"고 대답한데서 나온 말이 점입가경이라고 한다.

 학생들이 공부를 하거나 운동선수가 어떤 종목의 운동을 할때 처음 시작했을 때보다 점점 더 나아지는 경우에 우리는 보통 점입가경이라는 말로 비유하여 칭송해주게 된다. 그 말은 분명히 처음에는 잘하는 것 같았지만 갈수록 성적이 나아지지 않는 경우 보다는 반대로 바람직하고 고무적임을 일컫는 말이다.
 따라서 점입가경은 어떤 일의 결과가 처음시작 할 때보단 더 나아지고 좋아져서 기쁨과 보람을 느낄 수 있는 긍정적 표현이라 할 수 있지만 반대의 개념으로 점점 더 나빠지는 경우도 생각해 볼 수 있을 것이다.

漸 차차 점, 나아질 점   入 들 입, 들일 입
佳 아름다울 가, 좋을 가   境 지경 경, 마칠 경

노마지지
老馬之智

—
늙은 말이 갖는 지혜

늙은 말의 지혜라는 뜻으로 사람은 물론 하찮은 짐승도 각자 그 나름대로의 지혜와 슬기를 하나쯤은 가지고 있다는 의미의 고사성어이다.

중국 춘추시대 오패(五覇) 중의 하나인 제(齊)나라 '환공(桓公)'이 작고 힘없는 고죽국(孤竹國)과 싸우는데 예상 외로 전투가 길어지고 겨울이 닥쳐 맹추위에 많은 병사들이 상할 것 같았다. 이에 환공은 군대를 이끌고 귀국을 서둘렀다. 그런데 성급하게 지름길만 찾다가 길을 잃어 많은 병사들이 오도 가도 못한 채 우왕좌왕하게 되었다.

걱정에 찬 환공이 크게 탄식하자 재상 '관중(管仲)'이 이러할 때는 늙은 말의 지혜를 빌려야 한다며 늙은 말 한 마리를 자유롭게 풀어 놓았다. 늙은 말은 오랜 경험에 의한 후각과 말 고유의 본능에 의지하며 터벅터벅 걸어가기 시작했다. 관중은 군사들로 하여금 그 늙은 말의 뒤를 따르게 했는데 얼마 안가서 그들이 찾고 있던 큰길을 만날 수 있었다.

이와 같이 관중의 총명과 늙은 말의 지혜로 환공(桓公)은 어려움을 극복할 수 있었다. 이 얘기는 한비자(韓非子)에 "관중은 늙은 말을 스승삼아 배웠고 그것을 부끄럽게 여기지 않았다"는 내용으로 적혀 있어 후세에 많은 교훈을 주고 있다.

누구나 살아가면서 곤경에 처하는 경우가 있기 마련이고 그런때마다 그 곤경을 이기는 지혜를 찾는데 수치스럽거나 창피하다고 주저하는 일이 없어야 할 것이다.

老 늙을 노(로), 늙은이 노(로)　　馬 말 마, 아지랑이 마
之 갈 지, 어조사 지　　　　　　智 슬기 지, 지혜 지

구우일모
九牛一毛

—

아무 것도 아닌, 극히 하찮은 것

'아홉 마리 소의 터럭 가운데, 터럭 한 개'로 많은 가운데 아주 적은 것처럼 아무것도 아닌 있으나마나 할 정도로 하찮은 것을 비유하는 고사성어이다.

아버지의 유언에 따라 중국 역사서인 사기(史記)를 집필 중이던 사마천(司馬遷)이 중과부적으로 전쟁에서 패한 친구 '이릉(李陵)'을 위한 직언(直言) 때문에 옥에 갇히고 반역죄로 몰렸다.

사마천은 49세의 나이에 자신의 성기를 자르는 '궁형'을 자청해 죽음을 면하고 살아남아 사기(史記)와 같은 불후의 명작을 남기게 되었다.

사마천은 이러한 수모와 치욕 속에서 그의 친구에게 장문의 편지를 보내며 자신의 참담한 심경을 전했다. 그 편지 내용 중에 '구우일모(九牛一毛)'라는 말이 나온다.

"만일 내가 법에 따라 사형을 당해도 '아홉 마리 소 중에서 털 하나' 없어지는 것과 같으니 땅강아지나 개미같은 미물과 무엇이 다르겠는가. 그리고 세상 사람들은 내가 절개를 위해 죽은 사람이 아니라 지혜가 다하고 극에 달해서 어쩔 수 없이 죽었다고 여길 것이네." 이렇게 표현한데서 유래되었다고 전해진다.

사실 아홉 마리 소의 털 중에서 단하개의 터럭이란 상상하기조차 어려울 정도로 작고 미미함을 절묘하게 비유한 표현이라 할 수 있겠다.

九 아홉 구, 아홉 번 구   牛 소 우, 별이름 우
一 한 일, 하나 일   毛 털 모, 짐승 모

이전투구
泥田鬪狗

—

진흙 밭에서의 개싸움

'진흙 밭에서 싸우는 개라는 뜻'인데 원래는 강인한 함경도
사람을 평한 말이었다. 지금은 명분이 서지 않는 일로 서로
싸우거나 체면을 돌보지 않고 이익을 다투는 것을 비유하는
말로 사용되고 있다.

조선 태조(太祖) 이성계(李成桂)가 즉위하며 정도전(鄭道
傳)은 조선 팔도(八道) 사람을 평(評)하라는 명을 받는다. 이
에 경기도는 '경중미인(鏡中美人: 거울 속에 비친 미인)' 충청도
는 '청풍명월(淸風明月: 맑은 바람과 밝은 달)' 전라도는 '풍전세

류(風前細柳: 바람 앞에 하늘거리는 가는 버들)’ **경상도는 ‘송죽
대절**(松竹大節: 소나무 대나무 같은 굳은 절개)’ **강원도는 ‘암하
노불**(巖下老佛: 바위아래 늙은 부처)’ **황해도는 ‘춘파투석**(春波
投石: 봄 물결에 던져진 돌)’ **평안도는 ‘산림맹호**(山林猛虎: 산림
의 무서운 호랑이)’라고 했다.

그런데 이성계의 출생지인 함경도에 대해서는 평을 하지
않했다. 이태조가 “어떤 말도 좋으니 어서 말하라”고 재촉하
자 정도전은 함경도는 ‘이전투구(泥田鬪狗)’라고 대답했다. 그
러자 태조의 안색이 변하는 것을 정도전은 재빠르게 눈치 채
고 다시 함경도는 “석전경우(石田耕牛: 돌밭을 가는 소)이기도
합니다”라고 고쳐 대답한데서 유래되었다고 전해지나 정확한
출전은 알 수 없다.
　아마도 그 이전부터 전해 내려오는 말이 아닌가 추측되며
이 말은 우리나라에서만 사용되고 있다고 한다.

泥 진흙 니, 진창 니	田 밭 전, 사냥할 전
鬪 싸울 투, 다툴 투	狗 개 구, 강아지 구

구상유취
口尚乳臭

—

입에서 젖 냄새가 날 정도로 말과 행동이 어리다

말이나 하는 짓이 아직 어림을 뜻하는 고사성어. 입에서 아직 젖내가 나는 어린애처럼 하는 말과 행동이 어리석고 형편 없음을 나타내는 말이다.

최초로 천하를 통일한 '진시황(秦始皇)'이 죽은 후 포악했던 진(秦)나라 정치에 항거하는 반란이 일어났다. 이때 잃어버린 초(楚)나라를 재건하기 위해 '항우(項羽)'도 반란을 일으켜 진나라의 수도 함양을 접수했다. 그러자 천하는 항우의 손아귀로 떨어진 듯 했는데, 이때 한왕(漢王) 유방(劉邦)은 한신(韓信)을 대장군으로 임명하여 힘을 축적하기 시작하였으나 항우의 공격에 대패한다. 유방이 곤경에 처하자 위왕(魏王) 표(豹)가 유방을 배반하고 항우와 화친을 맺으며 "오만하고 신하들을 노비 부리 듯 하는 유방과 함께 하기를 원하지 않는 다"고 했다.

그러자 유방이 위나라 대장 '백직(柏直)'을 가리켜 "시구상 유취 불능당한신(是口尙乳臭 不能當韓信)"이라고 말했다. 즉 "이자는 입에서 아직 젖내가 나서 한신을 당해 낼 수가 없을 것"이라고 말 한데서 구상유치가 유래된 것으로 전해진다.

이 이야기는 사기(史記) 고조본기(高祖本紀)에 나오는데 구 상유취는 입에서 젖냄새가 아직 마르지 않았다는 뜻의 유취 미건(乳臭未乾)이라고도 한다.

지금도 상대가 아직 어리거나 하는 짓이 미숙하고 수준이 낮음을 지적할 때 "구상유취하다"는 말을 자주 쓰는 것을 볼 수 있다.

口 입구, 아가리 구　　　　尙 오히려 상, 더할 상
乳 젖 유, 젖먹일 유　　　　臭 냄새 취, 냄새 날 취

풍전등화
風前燈火

—

매우 위태로운 처지나 오래 견디지 못할 상태

'바람 앞에 있는 등불'이라는 뜻으로 바람이 불면 언제 꺼질지 모르는 등불처럼 매우 위급한 상황에 있음을 비유하는 말이다. 한편으로는 세월이나 사물의 덧없음을 의미하기도 한다.

'풍전등촉(風前燈燭)'이라고도 쓴다. 사람이나 나라의 운명이 어떻게 될지 모를 정도로 매우 급박한 처지에 있음을 표현한다.

일본의 침략행위가 극성하던 우리나라 구한말 때를 보통 "나라의 운명이 풍전등화에 처해있다"고 말했다.

'사느냐, 죽느냐'하는 존망(存亡)이 달린 매우 위급한 처지를 비유하는 한자성어는 풍전등화 외에도 여럿이 있다. '포개 놓은 달걀처럼 매우 위태로운 형세'를 일컫는 '누란지세(累卵 之勢)', '백자나 되는 높은 장대 끝에 있는 것처럼 매우 위험한 상황'을 일컫는 '백척간두(百尺竿頭)', '금방이라도 일이 크게 터질 것 같은 상황'을 일컫는 '일촉즉발(一觸卽發)' 등도 유사한 뜻을 가진 한자성어로 볼 수 있을 것이다.

이같은 말들은 평상시 어떠한 위험이나 위기를 예상한 대비가 소홀해서 발생되는 상황이라 볼 수 있다.

우리가 일상을 살아가는 데는 언제나 예상할 수 없는 뜻밖의 일들이 생길 수 있다는 위기의식을 갖고 그에 대처하는 능력을 유지하는데 소홀히 해서는 안 될 것이다.

風 바람 풍, 바람불 풍   前 앞 전, 나갈 전
燈 불 , 촛불   火 불 화, 불날 화

누란지세
累卵之勢

달걀을 쌓아 놓은 것 같이 형세가 몹시 위태롭다

'층층이 쌓아놓은 계란과 같은 형세'라는 뜻으로 몹시 위태로운 상황을 비유적으로 이르는 말이다.

중국 전국(戰國)시대 진(秦)나라의 신하 '왕계'가 왕에게 "위(魏)나라의 장록(張祿) 선생은 천하에 뛰어난 사람인데 그는 진나라의 정세를 지금 계란을 쌓아 놓은 것 보다 위태하다고 보고 있으니 그를 받아들여 기용한다면 진나라는 평안을 유지할 것입니다"라고 말 한데서 유래되었다고 전해오는 고사성어이다.

이와 같이 '누란지세'라는 말은 개인적인 사사로움보다는 주로 국가의 운명을 걱정하는데서 비유적으로 사용되는 말이다. 따라서 나라의 일이 내외적으로 심각한 단계에 처하게 되었음을 지적하는 말이다.

사실 동그랗고 쉽게 깨지는 계란 여러 개를 높이 쌓아 올린다는 것은 얼마나 어려우면서도 위태로운 모습인지 선뜻 상상할 수 없을 정도로 심각한 걱정이 앞서는 이미지를 느낄 수 있을 것이다.

우리나라도 역사적으로 볼 때 '병자호란'이나 '임진왜란' 등 외세에 의해 나라의 존망이 위태롭고 백성들이 도탄에 빠지는 등 어려움을 겪은 사례가 있었다.

그때마다 국사를 맡은 위정자들의 역할이 얼마나 중요했던가를 알 수 있을 것이고 또 그들이 과연 어떠한 역할을 했는가를 역사는 보여주고 있다.

累 쌓을 누, 포갤 루
之 어조사 지, 갈 지

卵 알 란, 클 란
勢 형편 세, 형세 세

유유자적
悠悠自適

—
아무 속박 없이 자유롭고 여유롭게 생활하는 모습

현실 속의 복잡한 세상일에 얽매이거나 아무런 속박도 받지 않고 자기 마음대로 자유로우며 마음 편하게 살아감을 이르는 말이다.

현대 사회는 매우 다양하고 복잡하게 구성되어 있다. 매사에 긴장하고 신경을 써야 하고 여러 방면으로 장애나 제재가 뒤따른다.

심지어는 다른 사람들의 이목을 의식해야 하는 등 많은 스트레스를 받기 마련이다. 그래서 누구나 이와 같은 속박에 매이지 않고 자유로우며 편안하게 자기하고 싶은 대로 빗장을 풀고 지내고 싶어 한다.

하지만 그렇게 여유가 있고 아무 걱정 없이 한가로운 여건을 갖추기가 쉽지 않은 일이다.

물론 조선시대 '김삿갓' 처럼 팔도 전국을 방랑하며 '유유자적'할 수 있는 성격이나 기질도 필요할 수 있다. 그러나 오늘날에 와서는 정신적으로나 경제적으로 유유자적할 수 있는 수양과 여유를 가질 수 있는 수련과 준비과정이 선행되어야 할 것이다.

물론 육체적으로 게으르고 나태한 생활이나 매사에 '될 대로 되라'는 식의 무책임한 행동이 유유자적이라면 너무 천박한 생각이다.

나름대로 내면적 생활의 질서를 지키며 외부적 간섭없이 내 스스로 목적하고 원하는 대로 다른 고민할 것 없이 물 흐르는 듯 자연스럽게 살아간다면 그 또한 유유자적이라 할 수 있을 것이다.

悠 멀 유, 한가할 유   自 스스로 자, 몸 자

適 맞을 적, 갈 적, 고를 적

새옹지마
塞翁之馬

복(福)이 화(禍)가 되고, 화가 복이 될 수 있다

변방(邊方)에 사는 노인의 말(馬)처럼 인생사(人生事)의 모든 일은 변화가 많아서 길흉화복(吉凶禍福)을 예측 할 수 없으며 복이 화가 되기도 하고 화가 복이 될 수도 있다는 뜻의 고사성어이다.

중국 국경지방에 한 노인이 살고 있었다. 어느 날 노인이 기르던 말이 국경 넘어 오랑캐 땅으로 도망치는 일이 생겼다. 이웃 사람들이 걱정하며 위로하자 노인은 이 일이 복이 될지도 모르는 일이라고 태연하게 넘겼다.

그 후 몇 달이 지난 어느 날 도망쳤던 말이 다른 암말 한 마리와 함께 돌아오니 걱정해주던 이웃주민들이 오히려 잘 됐다고 축하해주자 노인은 "이번일이 또 다른 화가될 지 누가 알겠느냐"고 역시 태연하게 기쁜 내색을 하지 않았다.

그런데 몇일 후 그 노인의 아들이 그 말을 타다가 떨어져 다리가 부러지는 일이 생겼다. 이에 마을사람들이 다시 위로하자 노인은 이 또한 복이 되는 일이 될지도 모른다며 대수롭게 생각지 않았다.

얼마가 지난 후 북방 오랑캐가 침략해 오자 나라에서 젊은이들을 모두 불러 싸움터로 싸우러가게 했다. 그런데 노인의 아들은 다리가 부러진 까닭으로 전장에 나가지 않아도 되었다.

이로 부터 세상에서 일어나는 모든 일이 노인이 기르던 말과 같으니 당장 눈앞에 벌어지는 일 때문에 너무 연연하지 말라는 뜻에서 '인간지사 새옹지마'로 사용되고 있다.

塞 변방 새, 요새 새　　　　　翁 늙은이 옹, 아버지 옹
之 갈 지, 어조사 지　　　　　馬 말 마, 아지랑이 마

홍일점
紅一點

여럿 남자들 사이에 있는 한 명의 여성

    여럿 가운데 오직 하나가 다른 모습을 띠고 있는 것으로 푸른 잎 사이로 한송이의 빨간 꽃이 피어있다든가 또는 많은 남자들 중에 끼어있는 하나뿐인 여자 등을 비유해서 돋보이게 하는 말로 쓰인다.

    중국 남송(南宋)시대 정치인 '왕안석'이 읊은 '만록총중 홍일점(萬綠叢中 紅一點)'이라는 시에서 유래된 말로 '초여름 푸른숲 한가운데 붉은 꽃을 피워서 눈에 띈다'는 뜻이다. 그러나 현재는 많은 남성들 사이에 여성이 딱 한명 있다는 뜻으로

44

정착되어 사용하고 있음을 볼 수 있다.

얼마 전 까지만 해도 업무 특성상 육체적 노동이 주로 수반되는 군대나 공장 또는 이공계 계열회사의 남자들 틈에 여성 한명이 함께하고 있으면 그냥 '홍일점'으로 표현해서 지칭하곤 했다. 그러나 요즘은 남녀 평등화 경향 등으로 업무적 성격을 이유로 여성이 혼자 있는 경우는 거의 볼 수 없게 되었다.

다만 어떤 모임이나 조직의 구성원들 중 우연하게 여성이 혼자 참여하여 '홍일점'의 모습으로 활동하고 있음은 간혹 볼 수 있을 것이다.

반대로 많은 여성들 틈에 유일하게 남성 혼자 있을 때 이런 경우를 '청일점(靑一點)'이라고 비유하기도 한다. 아무튼 좀 귀하고 색다르게 돋보이는 경우 호감적인 의미로 쓰이는 말이다.

紅 붉을 홍, 붉은 빛 홍   一 한 일, 하나 일
點 점 점, 가리킬 점

사자후
獅子吼

—

사자의 큰 울음소리

부처님의 설법에 모든 악마가 굴복하여 부처님에게로 귀의
한다는 뜻인바 '크게 부르짖어 열변을 토한다'는 의미로 사용
되고 있다.

원래는 불교에서 나온 말로 큰 사자가 소리쳐 울면 작은 사
자는 용기를 내고 기타 모든 짐승들은 도망쳐 숨어 버리는 것
과 같이 사자의 울음소리가 그 만큼 듣는 모든 동물에게 큰
무서움으로 느껴짐을 비유해서 석가모니 부처님의 설법이 인
간에게 미치는 영향의 지대함을 나타내는 말이다.

불가(佛家)에서는 석가모니 부처님께서 도솔천에 태어나자

마자 한손으로는 하늘을 가리키고 한손으로는 땅을 가리키며 '사자후' 같은 소리로 "하늘 위와 하늘 아래에 오직 나만이 홀로 높다"고 했다는데서 유래되었다고 전해진다.

석가모니 부처님의 설법이 사자후 같다고 한말이 다시 일반인들에 전용되어 '열변을 토하며 바른 논리와 정당한 이론으로 남을 설득시키는 웅변'으로 쓰이게 되었다.

다시 말하자면 부처님의 위엄 있는 설법에 모든 악마들이 굴복하여 귀의(歸依)하게 됨을 비유한 말이다.

요즘에는 일반적으로 청중을 압도하는 열변을 '사자후'에 비유해서 사용한다. 한편으로 매우 큰 목소리를 내서 주변 사람들에게 공포심을 갖게 하도록 잘못 인식되어 당초의 본뜻을 흐리게 하는 경향도 있음을 종종 볼 수 있다.

獅 사자 사　　　　　　　子 아들 자, 장부 자
吼 울 후, 사자우는 소리 후

문외한
門外漢

—
어떤 분야에 전문적인 지식이나 조예가
전혀 없는 사람

문밖에 있는 사람은 문 안에서 일어나는 일을 알 수 없듯이 어떤 일에 전문가가 아닌 사람 또는 그 일과 직접 관계가 없는 사람을 지칭하는 말로 사용된다.

문(門)은 부문, 분야, 전문 등을 뜻하며 '문외한'은 아직 문 안으로 들어오지 못하고 문밖에 있는 상태로 문안에서 일어나는 일에 대해 제대로 알고 있지 못하는 사람을 가리키는 말이다. 불가(佛家)에서 유래되었다고 한다.

어느날 종국 송(宋)나라 때 유명 시인인 '소동파(蘇東坡)'

의 시를 보고 어느 두 스님이 그 시의 높은 경지를 평가하면서 "소동파 시인은 하고픈 말이 너무 많아 소리와 빛이 울타리 속으로 도달하려는 것인지 모르겠다"고 한 스님이 말하며 "그저 '문외한'일 뿐"이라고 했다.

그러자 다른 스님이 "지금 여기에 앉아 참선하며 구하다보면 네가 어데서 왔는지 알게 될 것"이라고 대화하는데서 '문외한'이라는 말이 나왔다고 전해진다.

지금은 이러한 의미가 확대되어 어떤 일에 대하여 전문적인 지식이나 기술이 없는 사람이라는 의미로 사용되고 있다.

그러나 요즘은 사회가 다양화되고 각종 정보가 많이 생산되고 있어 문외한이라는 말이 무색할 정도로 정치나 경제 또는 기타분야를 넘나들며 활동하는 사람들이 많이 있음을 볼 수 있다.

門 문 문, 집 문   外 밖 외, 외댈 외
漢 한나라 한, 사내 한

유유상종
類類相從

—

비슷한 무리끼리 서로 모인다

　같은 무리끼리 서로 왕래하며 사귄다는 뜻이다. 유명한 중국 고전 주역(周易) 계사전(繫辭傳)에 "삼라만상(森羅萬象)은 그 성질이 유사(類似)한 것 끼리 모이고 만물은 무리를 지어 나누어 진다"는 말이 나온다.

　중국 춘추전국시대 때 제(齊)나라의 선왕(宣王)이 신하 '선우곤'에게 명하여 각 지방(地方)에 있는 인재(人才)를 찾아 등용(登用) 시키도록 하였다.

　얼마 후 선우곤이 일곱 명의 인재를 데리고 오자 성왕은

"귀한 인재를 한꺼번에 일곱 명 씩이나 찾아서 데리고 오다니 너무 많지 않은가"라고 했다. 그러자 선우곤이 자신 만만한 표정으로 "같은 종류의 새가 무리지어 살 듯 인재(人才)도 끼리끼리 모입니다"라고 대답한데서 유래되었다고 전해지는 고사성어이다.

그러나 요즘 와서는 '유유상종'하면 좋은 의미로써의 인재모임보다는 오히려 배타적 의미가 강한 쪽으로 변하는 경향이 있다. 여러 방면의 계층에서 비슷한 부류(部類)의 사람들끼리만 서로 사귀고 왕래하는 것을 비유하는 말로 쓰이고 있음을 느끼게 된다.

실제로 조직이나 단체 심지어는 개인들의 사사로운 모임에서까지 서로가 편이 갈라지는 현상을 흔히 볼 수 있는데 지연(地緣)이나 학연(學緣) 등이 그 대표적인 예로써 전체의 화합이나 발전을 위하여서는 결코 도움이 될 수 없는 일이라 생각된다.

類 무리 류(유), 같을 류(유)　　　相 서로 상, 도울 상
從 쫓을 종, 따를 종

초록동색
草綠同色

—

처지나 생각이 비슷한 사람끼리 만나다

풀색과 녹색은 같은 색이라는 뜻으로 비슷한 처지에 있는 사람들끼리 어울리기 마련이라는 것을 비유하는 말이다. 즉 '초색(草色)'과 '녹색(綠色)'을 합하여 '초록(草綠)'이라고 하듯이 서로 같은 무리끼리 잘 어울린다는 뜻이다. 명칭은 다르나 따지면 한가지라는 말로 우리 속담에 흔히 쓰는 '가재는 게 편'이라는 말과 같은 의미를 지닌다고 할 수 있다.

초록동색이라는 사자성어를 옛날부터 기록이나 고전(古典) 등에서 사용된 예는 찾기 어렵다. 그러나 우리나라 '춘향전'

중에서 관련 내용을 찾을 수 있다. 춘양전에 변사또의 생일날 암행어사가 된 이몽룡이 출두하는 내용이 나온다.

암행어사 이몽룡은 변사또와 그 고을의 탐관오리들을 모두 잡아 옥(獄)에 가둔다. 그리고 춘향이를 불러내서 "너는 기생의 딸인데 왜 본관 사또의 청(請)을 듣지 않았느냐"고 묻는다.

그러자 춘향이 "저는 기생도 아니고 또 이미 지아비가 있는 몸이라서 사또의 청을 들어 줄 수가 없습니다"라고 대답한다.

이몽룡이 다시 "나는 지나가는 어사인데 내청도 거절하겠느냐"고 묻는다.

그러자 춘향의 대답이 "초록은 동색이요 가제는 게 편이라더니 양반들은 모두 다 똑같은가 보네요"라며 '초록은 동색'이라는 말을 썼다고 전해온다.

草 풀 초, 풀벨 초   綠 푸를 록, 초록 빛 록
同 한가지 동, 같이 할 동   色 빛 색, 낮 색

경국지색
傾國之色

나라를 기울게 할 정도로 빼어난 미모의 여인

나라를 위태롭게 할 만큼 용모가 빼어난 절세의 미인을 뜻하는 말로 임금이 다른데 정신을 쓰거나 비교될 바 없을 정도로 아름다운 여인의 모습을 비유해서 표현하는 고사성어이다.

이 말의 유래는 다양하지만 대체로 한서(漢書) 이부인전(李婦人傳)에 의하면 한무제(漢武帝) 곁에 이연년(李延年)이라는 악사(樂士)가 있었는데, 그가 자신의 여동생을 황제에게 바치고자 황제 앞에서 노래를 지어 부르면서 그 노래 속에 재고

경인국(再顧傾人國: 두 번 눈길을 주면 나라를 위태롭게 할 징도)
이라는 노랫말을 쓴데서 유래되었다고 전해진다.

그 후 결국 무제(武帝)의 흥미를 끌어 악사의 동생 이부인
(李婦人)은 궁궐로 들어오고 한무제는 그녀를 무척 사랑했지
만 경국, 즉 나라를 기울게 할 정도까지는 이르지 않았다고
한다.

그러나 중국의 역사에는 미인(美人) 때문에 나라가 기우뚱
하거나 아예 망쳐진 경우도 있었다. 고대 은(銀)나라 주(紂)
왕은 '달기'라는 미인에 빠져 나라를 잃었고 주(周)나라 유왕
은 '포사'라는 여인 때문에 나라를 멸망의 구렁텅이로 몰아
넣었는가하면 당(唐)나라 현종의 판단력을 흐리게 한 '양귀
비' 또한 경국지색의 칭호를 들었다.

따라서 아무리 날고 긴 다는 영웅들도 아름답고 예쁜 여인
한테는 약한 모습을 보였다는 것이 역사를 통하여 알 수 있
을 것 같아 과연 여인천하라는 말이 나올 만도 하다는 생각
이 든다.

傾 기울 경, 기울일 경   國 나라 국, 나라세울 국
之 갈 지, 어조사 지   色 빛 색, 낯 색

자수성가
自手成家

—

스스로의 힘으로 일가를 이루거나
사업을 성공 시키는 등 큰일을 이룩함

자기 힘으로 한 살림을 이루고 재산을 모으는 것을 이르는
사자성어이다.

부모나 형제 등 남들의 도움 없이 혼자만의 힘으로 집안을
일으켜 세우거나 큰 성과를 이루는 것을 가리킨다. 그러나 이
러한 일은 옛날이나 지금이나 말은 쉬워도 실제로는 생각보
다 굉장히 어려운 일이다. 때문에 특별하게 그런 사람들을 가
르켜 표현하는 사자성어가 생겼다고 할 수 있을 것이다.

요즘 우리 일상에서 자주 쓰는 표현으로 말하자면 '흙수저
로 태어나 큰 성과를 이루는 사람' 또는 '입지전적인 인물'이

라고 할 수도 있겠다.

   우리 주변에서 자수성가 한 사람들의 특징은 투철한 절약
정신으로 동전 한 개라도 하찮게 보지 않는 습관이 있다거나
겉치레 같은 외향적 사치에 신경 쓰지 않고 내면적으로 충실
하는데 집중하지만 써야 할 때는 결단력 있게 쓸 수 있는 성
격을 갖고 예의를 갖추면서 편안한 대화로 상대를 설득하는
등 협상을 잘 할 수 있는 능력이 뛰어난 사람들임을 알 수
있다.
   아무튼 복잡하고 거친 현대 사회에서 성공할 수 있는 길이
란 인간관계나 사업에 있어서 굳건한 신용과 다른 사람들보
다 조금이라도 더 많은 노력이 뒤따르는 근면 성실한 자세가
기본이 될 것이다.

自 몸 자, 스스로 자   手 손 수, 쥘 수
成 이룰 성, 이루어질 성   家 집 가, 살 가

삼강오륜
三綱五倫

―

사람이 지켜야 할 세 가지 강령과 다섯 가지 도리

중국 전한(前漢) 때 유학자 동중서(董仲舒)가 공자와 맹자의 교리에 입각한 삼강오상설(三綱五常說)을 논한데서 유래되어 중국뿐만 아니라 우리나라에서도 오랫동안 기본적인 사회윤리로 존중되어 내려오고 있다.

여기서 말하는 '삼강'은 군위신강(君爲臣綱)으로 임금과 신하, 부위자강(父爲子綱)으로 어버이와 자식, 부위부강(夫爲婦綱)으로 남편과 아내 사이에 지켜야 할 도리(道理)를 말한다. '오륜(五倫)'은 오상(五常)과 동의어로 자녀는 부모에게 존경과 섬김을 다하는 부자유친(父子有親), 임금과 신하의 도리는 의리가 있어야 한다는 군신유의(君臣有義), 남편과 아내는 분별있게 서로가 본분을 지켜야 되는 부부유별(夫婦有別), 어른과 아이는 서로 차례와 질서가 지켜져야 한다는 장유유서(長幼有序), 그리고 친구사이에는 신의가 있어야 하는 붕우유신(朋友有信)을 일컫는다.

특히 여기서 장유유서는 집안에서는 형제간의 차례를 말하고 사회 생활에서는 연장자와 연소자의 차례와 질서를 일컫는다고 보아야 할 것이다.

이와 같은 삼강오륜은 지금까지 동양문화의 전통과 사회기강을 확립하는데 기틀이 되어 왔다. 서구문화의 도입과 개인주의 팽배로 요즘에 와서는 그 의미가 봉건시대의 덕목에 불과한 것으로 인식되는 상황이다. 그러나 오늘날에도 현대적인 해석을 통해 충분히 활용되어어야 하는 사회윤리로 이해하여야 할 것이다.

| 三 석 삼, 세 번째 삼 | 綱 벼리 강, 대강 강 |
| 五 다섯 오, 다섯 번 오 | 倫 인륜 륜, 가릴 륜 |

천방지축
天方地軸

—

종잡을 수 없이 덤벙대고
몹시 급하게 허둥거리는 모습

하찮은 사람이 종잡을 수 없이 덤벙댄다는 뜻으로 '천방(天
方)'은 하늘의 한 부분을 가리키는 말이고 '지축(地軸)'은 대지
의 중심을 일컫는 말이다.

따라서 '천방지축'이란 하늘의 한 모서리와 땅 속을 왔다
갔다하면서 갈팡지팡하고 허둥지둥 대는 모습을 가리키는 말
로 쓰여지나 요즘에 와서는 '남의 말을 듣지 않고 이리저리
날뛰면서 어쩔 줄 모르고 무작정 덤벼들거나 성급하게 서둘
러대는 모양'을 비유해서 표현하는 말로 쓰이기도 한다.

간혹 천방지축이 옛날 천민을 비하하는데 쓰는 용어라고

주장하는 사람들도 있다. 이는 중국의 혈통을 가지고 조선에 정착한 사람들이 병자호란 이후 모두 잡아오도록 조정에서 명령을 내리니 결국 남쪽으로 피신하며 은둔 생활을 하게 되었는데 이를 심상찮게 본 지역민들이 얕잡아 보고 천방지축하다고 부르게 된데서 유래되었다고 전해오기도 한다.

아무튼 천방지축이란 일처리를 하는데 신중하면서도 차근차근히 앞뒤를 생각하지 않고 바쁘고 급하게 허둥대거나 갈바를 모르고 두리번거리는 모습을 이르는 사자성어로 좋은 이미지를 주는 말은 아니라고 볼 수 있다.

우리는 일상생활을 하면서 어떤 경우가 되든 천방지축하다는 말을 듣거나 다른 사람들에게 그런 인상을 주는 일이 없도록 하는 생활자세가 유지되어야 할 것이다.

天 하늘 천, 임금 천   方 모 방, 모질 방
地 땅 지, 지위 지   軸 굴대 축, 자리 축

요조숙녀
窈窕淑女

—

품행이 정숙하고 아름다운 기품이 있는 여자

마음씨가 고요하며 자태(姿態)가 아름답고 고운 여자로 현대적인 의미로는 남 앞에 잘 나서지 않고 집안 살림을 잘하는 여자로 풀이된다.

이 말은 중국 고전(古典)인 시경(時經) 관저(關雎)편에 나오는데 요약하면 정숙하고 얌전한 여자를 비유해서 표현한 말이라고 할 수 있다.

시경 관저편에는 "요조숙녀야 말로 군자의 배필이다(窈窕淑女 君子之逑)"라는 구절이 있다.

여기서 말한 군자의 짝으로서의 요조숙녀란 마음이 깊고 외모가 아름답고 심성이 그윽하여 전쟁과 국사에 피로한 남자의 마음을 헤아릴 줄 아는 여자를 가리키는 말로 풀이된다.

옛날에는 지체 높은 가문일수록 여자는 집안 일 이 외의 바깥 활동을 전혀 하지 않는 것이 통례였기 때문에 여자가 갖추어야 할 덕목이 아기를 잘 낳고 집안에 분란거리를 만들지 않으면서 남편이 하는 일을 방해하지 않는 정도로 충분했다고 한다.

그러므로 여자의 성격이 활달하고 호기심이 많아 바깥일에 관심을 갖고 남자들이 하는 일에 참견하려고 하면 환영받지 못했다고 전해온다.

그래서 요조숙녀란 과거에 여성이 외부와 철저하게 격리되어 살아온던 시대의 산물이고 요즘에는 이 말이 가끔 쓰인다 해도 사회성이 없고 소극적이거나 수동적으로 남성에게 의존하기만 하는 여자를 비꼬는 말로 쓰기도 한다. 그러나 요조숙녀가 갖는 아름다운 마음씨의 의미만은 버리지 말아야 할 것이다.

窈 고요할 요, 깊을 요   窕 으늑할 조, 정숙할 조
淑 맑을 숙, 조용할 숙   女 여자 녀(여), 딸 녀

조족지혈
鳥足之血

—
새발의 피와 같이 하찮거나 적음

글자 그대로 보면 '새발의 피'라는 말인데 새발에는 살이 많지 않아 상처가 나더라도 피를 많이 볼 수 없기 때문에 나온 말로 아주 적은 분량을 비유적으로 이르는 사자성어다.

매우 적은 분량이거나 하찮은 일을 볼 때 '새발의 피'라고 하는데 이 말을 한자로 표현하자면 바로 조족지혈이 된다.

새발의 피라는 말은 우리나라 고유 속담이라고 전해오는데 원래 새(주로 참새 정도가 연상 됨)라는 짐승이 아주 덩치가 작은데다 그 작은 새의 발이니 더욱 작게 느껴진다. 게다가 그

작고 작은 발에서 나오는 피의 양이라니 감히 상상하기조차 어려울 정도로 적은 양이라고 본다면 거기에 비유해서 표현하려는 일이나 또는 분량이 얼마나 하찮고 또 적겠는가.

이와 같이 아주 하찮거나 또는 별 볼일 없거나 어떤 것의 분량이 적다는 뜻으로 쓰이는 말이지만 이 말이 전달하고자 하는 의도는 매우 강렬하고 충분한 의미를 가질 수 있는 말이라고 생각된다.

우리가 일상생활에서 흔히 쓰는 예로 '내가 갖고 있는 고민은 엄마의 고민에 비해 새발의 피에 불과하다'든가 '우리의 노력은 아버지의 노력에 비하면 새발의 피일 뿐이다'.

또는 '우리 같은 말단 직원의 월급은 임원진에 비하면 그저 새발의 피 정도 밖에 안 될 것이다' 등으로 아주 작거나 적은 의미를 나타내는 한자성어로 보아야 할 것이다.

鳥 새 조, 날짐승 조   足 발 족, 만족할 족
之 갈 지, 어조사 지   血 피 혈, 피칠 할 혈

인 자 무 적
仁 者 無 敵

—

마음이 어진 사람에게는 적이 없다

어질게 사는 사람. 즉 인(仁)을 실천하는 사람에게는 누구도 대적할 자가 없다는 고사성어이다.

성인(聖人) 공자(孔子)는 어진(仁) 것을 인간세계의 참된 진리이자 갖춰야 할 가장 큰 덕목으로 여겼다.

마음이 어진 사람은 어떤 상황에서도 정직하고 탐욕이 없으며 옳고 그름을 분명히 하고 언제나 올바른 선택으로 형평성에 어긋나는 일은 멀리하며 자신의 유익함을 위해 남을 곤경에 빠뜨리는 일을 하지 않는다.

맹자(孟子) 양혜왕장구상(梁惠王章句上)에서 맹자가 처음으로 유세에 나서 양혜왕과 대담하는 중에 "제(齊)나라나 진(秦)나라 등 적들이 백성들의 농사처를 빼앗아 그들이 부모를 봉양치 못하여 부모가 굶주림과 추위에 시달리고 형제와 처자식이 뿔뿔이 헤어지는 등 백성들을 난처하게 하고 있으니 이런 때에 왕께서 정벌하여 바로 잡으면 누가 대적하겠습니까. 어진 사람은 적이 없다고 하였으니 왕께서는 의심치 마십시요"라고 하니 양혜왕이 분노에 사로 잡혀 전쟁에 패한 치욕을 씻을 방법을 물었다.

그러자 맹자는 인자한 마음으로 백성을 사랑하며 부모에게 효도하고 나라에 충성하는 마음을 백성들이 갖도록 하라고 조언했는데 '어진 마음으로 통치하면 물리적인 힘을 쓰지 않더라도 적을 능히 이길 수 있다'는 뜻으로 인자무적이란 맹자가 처음 쓴 말이 아니라 그 이전부터 전해져 오던 것을 여기에서 인용한 것으로 유래되고 있다.

仁 어질 인, 사랑할 인　　　　者 놈 자, 사람 자
無 없을 무, 아닐 무　　　　　敵 원수 적, 겨룰 적

노심초사
勞心焦思

—

걱정과 근심으로 속을 태우며 불안해하다

몹시 마음을 쓰며 애를 태운다는 뜻으로 어떤 일에 대한 걱정과 근심으로 매우 불안한 상태에 이르게 됨을 나타내는 말이다.

중국 사마천(司馬遷)의 사기(史記) 중 하본기(夏本紀)에 하(夏)나라의 우(禹) 임금에 대하여 "우(禹)는 선친(先親) 곤(鯀)이 공을 이루지 못하고 죽임을 당한 것이 마음 아파 늘 노심초사하면서 13년을 밖에서 지내지만 자기 집 대문 앞을 지나면서도 감히 들어가지 못했다"는 대목이 있다. 여기에서 노심초사라는 말이 유래되었다고 전해온다.

이렇게 전해지는 노심초사는 어떤 한 가지 일에 골몰하거나 급작스러운 상황으로 화(禍)가 일어날까 우려하여 속이 타 들어갈 만큼 심하게 마음이 쓰이는 것을 의미한다.

위급한 상황에서 다행스럽게 그 위기를 잘 벗어날 때 '노심초사 했다'는 말을 쓴다. 정말 위험한 순간이었지만 다행히 그 상황을 모면하고 가슴을 쓸어내릴 때 사용하는 말로 주변에서 흔히 일어날 수 있는 일이며 자주 사용되고 있는 말이다.

자동차를 비롯한 각종 교통사고가 빈번한 요즘의 우리 생활에서 노심초사하는 일이 가급적 자주 일어나지 않았으면 하는 마음은 누구나 마찬가지일 것이다.

勞 근심 노(로), 힘쓸 노   心 마음 심, 가슴 심
焦 애태울 초, 그슬릴 초   思 생각 사, 생각할 사

두문불출
杜門不出

세상과 인연을 끊고 외부 활동하지 않는다

문을 닫아걸고 집안에만 틀어박혀있으며 바깥에 나오지 않음을 뜻하는 고사성어로 관직(官職)에 나가지 않거나 사회적 활동을 하지 않음을 이르는 말이다.

중국 춘추시대 좌구명의 국어(國語)와 사마천(司馬遷) 사기(史記)의 상군열전(商君列傳) 등 역사서에 두문불출이라는 말이 인용되면서 사용되기 시작했다고 전해진다.

우리나라에서는 고려말기 이성계가 정권을 잡는 과정에서 일어난 사건을 배경으로 두문불출하는 일이 생기기 시작한 것으로 알려지고 있다.

위화도 회군(威化島 回軍) 후 이성계가 실제로 정권을 잡고 왕이 되자 기존의 고려 신하들은 조정을 떠났다.

그중에서 72명의 신하들이 개성의 두문동에 숨어들어 아무리 설득해도 나오지 않자 이성계는 두문동에 불을 놓아 그들을 나오게 하려 했다. 하지만 모두들 나오지 않고 불에 타 죽기를 불사(不辭)했다고 전해오는데 이 일을 계기로 어느 곳에 한번 들어갔다 다시는 바깥 세상에 나오지 않으면 두문불출이라는 말을 사용하게 되었다고 한다.

요즘도 현실과 자신의 이상에서 괴리(乖離)를 느끼거나 세상돌아가는 일이 불만스러워 낙향(落鄉)하여 집안에만 있으며 바깥일에 관여치 않는 사람들의 얘기가 종종 언론에 보도되기도 함을 볼 수 있는데 사회가 혼탁하거나 세상일이 순리를 따르지 않을 때 많이 일어나는 현상으로 볼 수 있을 것이다.

| 杜 막을 두, 나무 두 | 門 문 문, 집 문 |
| 不 아니 불, 아니할 부(불) | 出 나아갈 출, 나올 출 |

등하불명
燈下不明

—

등잔 밑이 어둡다

등잔 밑이 어둡다는 말로 가까이 있는 것이 오히려 알아보기 어렵다거나 남의 일은 잘 알면서 자기 자신의 일을 잘 모르고 있다는 뜻의 사자성어이다.

동언해(東言解)라는 한문 속담집에서 비롯되었다고 전해온다. 속담(俗談)이란 사회의 오랜 경험과 지혜가 압축되고 다듬어져 만들어지는 사회적 소산물(所産物)이어서 정확한 출처나 유래를 알 수 없는 것이 대부분이다.

'등잔 밑이 어둡다'는 말을 한자로 표현하면 바로 '등하불명(燈下不明)'이 된다. 이 말은 가까운 사람의 실속을 잘 모르고 있음을 비유한 말이다. 잘 아는 사이라고 생각했는데 도리어 그 사람에게 배신을 당하거나 실망하였을 때 쓸 수 있는 말이라고 보아야 할 것이다.

실제로 우리가 일상생활 하면서 이와 같은 현상은 얼마든지 볼 수 있는 일이다. 우리 주변의 환경이나 대인관계 또는 각종 법률 문제 등에서 자기가 알고 있는 것이 최상의 정답이라고 생각하며 주장하다가 막상 어떤 문제가 발생하여 세밀하게 들여다보면 지금까지 알고 있었던 지식들이 틀렸거나 새로 바뀌었음을 알고 망연자실하게 됨을 경험하는 일이 비일비재할 것이다.

그렇기 때문에 특히 대인관계에서 어떤문제가 발생했을 때 상대를 탓하기전에 나 자신과 내 주변부터 살피고 챙겨야 하는 습관이 필요하지 않은가 생각된다.

燈 잔 불

不 아니 불, 아니할 부(불)

下 아래 하, 낮을 하

明 밝을 명, 밝힐 명

동가식서가숙
東家食西家宿

숙식을 하는 곳이 일정하지 않고 잇속만 찾는다

밥은 동쪽 집에서 먹고 잠은 서쪽 집에서 잔다는 말로 자기의 이익을 얻기 위해 지조없이 이리저리 빌붙는 것을 비유해서 표현한 말이다. 한편으로는 일정한 거처없이 떠도는 사람을 지칭하기도 한다.

대체적으로 일반적인 뜻은 욕심을 지나치게 부리는 사람이나 지조가 없는 사람을 가리키는 고사성어이다.

중국 제(齊)나라에 한 여인이 두 집에서 청혼을 받았는데 그 부모가 딸에게 동쪽 집으로 시집을 가고 싶으면 왼쪽 소매를, 서쪽 집으로 시집가고 싶으면 오른쪽 소매를 걷어 보라고 하자 딸이 양쪽 소매를 다 걷기에 이를 이상하게 여긴 부모가 그 까닭을 물으니 딸이 동쪽집에서 밥은 먹고 잠은 서쪽집에서 자겠다고 대답한데서 유래된 말로 전해진다.

동쪽집 아들은 못 생겼으나 부잣집이었고 서쪽집 아들은 잘생긴 미남이었지만 집안이 가난했는데 딸로써는 양쪽집을 다 놓치고 싶지 않은 욕심에서 나온 결과로 볼 수 있다.

또한 태조(太祖) 이성계가 개국공신을 불러 연회를 베푸는 자리에서 설중매라는 기생이 "동가숙 서가식하는 천한 기생이 어제는 왕(王)씨를 모시다가 오늘은 이(李)씨를 모시는 정승어른들을 모신다면 궁합이 잘 맞겠지요"라고 말을 했다는 야사(野史)도 전해진다.

이렇듯 일정한 지조나 소신이 없음을 지적하는 말이라고 할 수 있다.

東 동녘 동, 봄 동   家 집 가, 남편 가
食 밥 식, 먹을 식   西 서녘 서, 서양 서
宿 잠잘 숙, 묵을 숙

사무사
思無邪

—

간사스럽고 사특한 마음이 없다

사무사는 '생각이 바르므로 간사하고 악독한 마음이 없다'는 의미를 가진 말이다. 즉 생각에 사특(邪慝)함이 없다는 뜻으로 사상이 순수하고 나쁜 뜻이 없음을 이르는 말이다.

논어(論語) 위정(爲政) 편에서 "시경 삼백편은 한 마디로 사특함이 없다(詩三百 一言而蔽之曰 思無邪)"라고 한데서 유래된 말인데 아마도 공자는 이를 한 마디로 평하여 사무사(思無邪)라고 한 것으로 보인다고 전해진다.

한편으로 공자는 논어 팔일(八佾)편에서 "관저(關雎)는 즐거우면서도 지나치지 않고 슬프면서도 상하게 하지 않는다"

76

고 하였는데, 이와 같이 논어의 표현은 생동감이 있고 말하는 사람의 성격이 뚜렷이 표출되고 있다.

공자와 그 제자들의 언행에 관한 짧은 글들을 모아 놓은 책으로 논어가 다른 고전보다 세상에 널리 읽히는 것은 이렇게 간결하고 뜻이 깊은 문장이기 때문으로 보는 견해가 다수일 것이다.

어쨌든 간사한 생각이 없다면 그 사람은 분명 어진 사람일 것으로 본다는 것이 공자의 말씀이다. 그런데 여기서 '한마디로 평한다'는 일언이폐지(一言以蔽之) 또한 자주 쓰는 표현으로 '길게 말할 것 없이 한 마디로'라는 의미라고 본다면 사무사란 알기 쉽게 '생각이 바르고 사악(邪惡)함이 없는 것'으로 풀이함이 마땅하다고 봐야 할 것이다.

思 생각 사, 생각할 사   無 없을 무, 아닐 무
邪 간사할 사, 기우듬할 사

방약무인
傍若無人

혼자 있는 것처럼 함부로 말하고 행동함을 이른다

곁에 아무도 사람이 없는 것처럼 주위의 다른 사람을 전혀 의식하지 않고 거리낌 없이 함부로 말하고 행동하여 조심스러워하는 마음이 없는 태도를 말한다.

옛날 중국 위나라에 칼을 잘 쓰고 술과 금(琴)을 좋아하는 '형가'라는 사람이 있었다.

위나라에서 뜻을 이루지 못한 그는 천하를 정처없이 떠돌면서 당대의 대장부와 어진 사람들을 사귀었다. 그 가운데 '고점리'라는 사람이 있었다.

형가와 고점리는 서로 뜻이 통하고 호흡이 잘 맞아 아주 친한 사이가 되었다.

두 사람은 만날 때 마다 술판을 벌이고 춤을 추며 큰 소리로 노래를 부르다 서로 신세가 처량함이 느껴지면 둘이 얼싸안고 울기도 하고 웃기도 했다.

이때 그들의 모습이 마치 곁에 아무도 없는 것처럼 보여서 나온 말이라고 한다.

옛날 얘기이니까 그렇지 요즘처럼 도시화되고 사람들이 많이 모여사는 세상에서는 다른사람들을 의식하지 않고 자기멋대로 떠들다가는 미친사람이나 소음공개 유발자로 지목되어 경찰의 제지를 받을수도 있지 않을까 생각된다.

傍 곁 방, 곁할 방	若 쫓을 약, 같을 약
無 없을 무, 아닐 무	人 사람 인, 사람마다 인

청출어람
青出於藍

—

쪽풀에서 나온 푸른색이 쪽보다 더 푸르다.

학문이나 기술 등이 가르쳐 준 스승보다 그 밑에서 배운 제자가 더 나을 때 쓰는 말이다.

자식이 부모보다 낫고 제자가 스승보다, 후배가 선배보다 더 낫다는 것은 매우 바람직한 일이다. 지금까지 인류 역사의 발전이 거듭되어 오는 것도 기존의 질서보다 새로운 생각이나 의식이 더 앞서나간 결과 일 것이다.

우리의 사회와 국가가 갈수록 새롭게 변화하고 발전되기 위해서는 기존의 학문이나 지식을 뛰어 넘는 새로운 세대가 많이 나와야 하고 또한 그렇게 되도록 뒷받침 해주는데 더 큰 힘을 쏟아야 할 것이다.

　남색과 쪽빛은 같은 말이다. 청출어람의 '람(藍)'은 우리가 흔히 남색이라고 쓰는 한자(漢字)이기도 하다. '쪽'은 한해살이 풀로써 중국이 원산지이다. 쪽의 잎은 평범한 녹색(綠色)이지만 여러과정을 거쳐 남색염표로 만들어 쓰고 있다.

　중국 전국시대 성악설(性惡說)을 주장한 순자(荀子)의 권학편(勸學篇)에서 "학문은 그쳐서는 안되고(學不可以己) 푸른색은 쪽에서 취했지만 쪽빛보다 더 푸르고(靑取之於藍而靑於藍) 얼음은 물로 이루어졌지만 물보다 더차다(氷水爲之而寒於水)"라고 한데서 나오는 말로 전해진다.

靑 푸른빛 청, 푸를 청　　出 날 출, 나갈 출, 나올 출
於 어조사 어, 기댈 어　　藍 쪽 람, 남빛 남

원형이정
元亨利貞

—

사물의 근본이 되는 네 가지 원리

사물의 근본이 되는 4가지 원리를 뜻한다. 원(元)은 만물의 시초로 봄에 속한다. 형(亨)은 만물이 자라는 여름에 해당하며 이(利)는 만물이 여물고 거두어들이는 가을이다. 그리고 만물을 거두어 저장하는 겨울은 정(貞)이다.

중국 고전(古典)인 주역(周易)의 기본이 되는 64괘(卦) 중 맨 앞에는 있는 건(乾)괘에 나오는 말이다. '원형이정(元亨利貞)'은 일반적으로 만물이 처음 생겨나서 자라고 삶을 이루어 완성되는 근본원리로써 동양의 우주에 대한 철학적 기본 사고라고 볼 수 있다. 다시 말해서 이 세상에 존재하는 모든 만물이 처음으로 생겨나 성장하고 결실을 맺어 저장하였다가 씨앗으로 인해 다시 생겨나서 성장하는 등의 과정을 통해 고정되지 않고 끝없이 변화를 지속한다는 원리를 말한 것이다.

만물은 어느 하나라도 일정하게 고정되지 않고 무한한 변화를 지속하면서 조화를 이루어간다는 대 전제 속에서의 천도(天道)가 '원형이정'으로 표현된 것이라고 보면 될 것이다.

한편으로 '원'은 크고 '형'은 형통하고 '이'는 마땅하며 '정'은 바르고 굳건함으로써 모든 만물은 '원형이정'을 바탕으로 잠시도 쉬거나 멈추지 않는 천체운행의 원리에 따라 변하고 있는 자연의 이치를 우리 삶의 근원으로 삼고 세상의 모든 일을 이해하고자하는 대명제이기도 한 것이다.

元 으뜸 원, 근원 원   亨 형통할 형, 드릴 향
利 날카로울 리, 이로울 리(이)   貞 곧을 정, 사덕의 하나 정

전전긍긍
轉轉兢兢

—

두렵고 긴장돼 마음이 불안한 상태

무슨 일이라도 생길까봐 몹시 두려워하고 조바심하는 상태
의 뜻으로 위기를 맞이하여 절박해진 심정을 비유하는 말이다.

'전전(轉轉)'은 겁을 먹고 벌벌 떨고 있는 모습. '긍긍(兢兢)'
은 조심스럽게 몸을 움츠리는 것으로 어떤 위기감으로 매우
두려워하는 심적 불안 상태를 일컫는다.

중국 고전 시경(詩經)에 나오는 말로 주(周)나라 말기에 포
악한 군주에 의하여 법도를 무시한 정치가 자행되고 있었다.
이때 뜻있는 신하가 한탄하는 내용을 노래로 표현한 것에서

유래되었다. 노래의 내용은 다음과 같다.

"맨손으로 호랑이를 잡을 수는 없고 걸어서 황하를 건널 수 없네. 사람들이 그 한 가지는 알고 있으나 다른 것은 아무것도 모르고 있네. 생각하면 언제나 벌벌 떨면서^(轉轉兢兢) 깊고 깊은 못가에 임하는 심정이 마치 살얼음 위를 걷는 듯하네."

사람은 누구나 살다보면 자신, 가족 또는 사회적이거나 국가적인 일로 몹시 걱정스러워하며 잠을 못 이루고 심신이 움츠려짐을 경험할 때가 있다. 그런 경우 전전긍긍한다는 말이 쓰여지게 될 것이다.

진정 행복한 삶이란 이와같이 전전긍긍하는 일이 없이 언제나 즐겁고 편안한 마음이 지속되는 생활일 것이다.

轉 구를 전, 넘어질 전   兢 조심할 긍, 떨릴 긍

양두구육
羊頭狗肉

—
겉만 번지르하고 속은 별 볼일 없다

'양의 머리를 내어놓고 실제로는 개고기를 판다'는 뜻으로 겉으로는 그럴듯하게 꾸미지만 속으로는 보잘 것 없음을 일컫는 말이다. 또는 겉으로 보이는 행동과 속으로 품고 있는 뜻이 달라서 됨됨이가 바르지 못한 것을 의미하기도 한다.

원래는 중국 춘추시대 제(齊) 나라 '영공(靈公)'의 괴팍한 취미에서 유래된 말이다.

영공이 궁(宮) 안에 있는 궁녀들에게 남자 옷을 입도록 한 바 나중에는 궁 밖의 여자들 모두 남장을 하고 다녔다고 한다. 이를 보고 궁 안의 여인들만 남장을 하고 궁 밖의 여자들에게는 남장하는 것을 금했다는 데서 나온 고사성어라고 전해진다.

  요즘 국가나 공공기관에서 내 놓는 정책이나 심지어는 일부 상인들의 얄팍한 상술에서 이와 같이 겉만 번지르르하고 뒤로는 실속 없는 사례들을 볼 때 '양두구육'이라는 말이 시사하는 바가 크다고 생각된다.

  비근한 일례로 과자나 일부 선물용품을 구입할 경우 겉포장만 그럴듯하게 겹겹이 치장해 놓고 실제 알속은 수량이 얼마 안 되거나 내용이 부실한 경우가 흔히 있음은 안타까운 일이다.

羊 양 양, 노닐 양
狗 개 구, 강아지 구

頭 머리 두, 꼭대기 두
肉 살 육, 고기 육

이심전심
以心傳心

—

말하지 않아도 서로의 마음이 통한다

불가(佛家)의 '석가모니'와 그의 제자 '가섭'이 서로 말을 하지 않으면서도 마음에 뜻이 전달되어 통했다는데서 나온 말이라고 전해온다. 이는 한정된 언어나 문자만으로는 부처님의 심오한 뜻이 다 전달될 수 없기 때문에 마음으로 그 진리를 깨닫는 수밖에 없다는 의미다. 서로 마음이 통하면 말을 하지 않아도 각자의 의사가 전달됨을 뜻하기도 한다.

실제로 오래 사귄 친구나 같은 직장에서 오랜 기간 함께 일해 온 동료 사이에서는 어떤 일을 하는데 일일이 꼭 말로 하지 않아도 눈치만으로두 서로가 원하는 비를 이미 알아차리고 그 방향으로 일을 추진해 나감으로써 "서로가 손발이 척척 맞는다"고 말 할 때가 있다.

그렇게 숙련이 되면 업무의 능률도 늘어 날 뿐 아니라 일의 질 자체도 좋아져 매우 바람직한 결과가 나올 것이다.

연인사이도 사랑이 깊어질수록 상대의 마음을 알아차려 서로를 이해하는 마음도 커지게 될 것이다.

아무튼 인간관계에서 서로의 마음이나 생각하는바를 알고 이해할 수 있다는 것은 매우 중요한 일이다. 굳이 많은 설명이나 복잡한 절차없이 서로의 속을 알 수 있을 정도라면 대단히 좋은 관계를 유지하는 것으로 보아야 할 것이다.

以 써 이, 까닭 이   心 마음 심, 가슴 심
傳 전할 전, 전하여질 전

천리안
千里眼

—

천리의 먼 곳을 볼 수 있는 눈

먼 곳에서 일어나는 일이나 세상 일을 꿰뚫어 보고 직감적
으로 감지하는 뛰어난 관찰력을 지녔거나 그러한 능력을 가
지고 있을 때 흔히 쓰는 말이다.

어떤 사람이 남달리 뛰어난 능력이나 재주를 가졌거나 또
는 많은 공부와 수양을 하여 앞으로 닥쳐 올 일을 예측하고,
또 그 예측이 실질적으로 맞아 떨어질 때 우리는 그 사람을
보고 "천리안을 가졌다"고 비유해서 말하기도 한다.

옛날 중국 북위말북위말(北魏末)에 '양일(楊逸)'이라는 사람

이 있었는데 그가 어느 주(州)의 태수(太守)로 있는 동안 몇 차례 전란이 일어나고 흉년이 들어 여러 곳에서 굶어죽는 백성들이 생겼다.

그러자 그는 여러 관원들의 반대에도 불구하고 창고에 비축해 둔 식량을 굶주리는 백성들에 나눠주며 "나라의 근본은 백성인데 그 근본인 백성들을 굶어죽게 할 수는 없다"고 했다. 그러면서 관원들로 하여금 백성 위에서 함부로 권력을 휘두르지 못하게 단속했다고 한다.

이에 부패한 관리들이 "양태수는 천리를 내다보는 눈을 가지고 있어 그를 속이거나 부정한 짓을 할 수 없다"고 한데서 나온 말이라고 전해 온다.

천리안은 바람을 타고 들려오는 천리 밖의 소리를 들을 수 있는 순풍이(順風耳)라는 귀를 가진 사람과 함께 중국 민간전설에 나오는 수호신(守護神)으로도 전해진다.

千 일천 천, 천번 천   里 마을 리, 헤아릴 리
眼 눈 안, 볼 안

망연자실
茫然自失

—

황당한 일을 당해 어쩔 줄 몰라
정신을 놓고 있는 모습

실의에 빠져 정신을 잃고 어리둥절하다는 뜻이다. 갑자기
닥치는 어떤 일의 해결할 방법이 없어 어떻게 해야 할지 모르
는 모습을 가리키는 말이다.

중국 전국시대(戰國時代)에 도가(道家) 사상을 대표하는 열
어구(列御寇)의 열자중니(列子仲尼)편에 나오는 말인데 "자공
은 망연자실 하더니 집으로 돌아가 깊은 생각에 잠겨 이레(7
일)동안 잠도 자지 않고 먹지도 않아 마른나무처럼 수척해졌
다"에서 유래된 고사성어이다.

여기서 자공(子貢)은 공자의 제자로써 지금까지 알고 있던 것을 뛰어 넘어 전혀 다른 새로운 가르침을 스승 공자로부터 얻게 되는데 이로써 느끼는 망연자실은 그동안 이해했다고 믿었던 자신의 생각이 틀렸음에 따른 실망감과 동시에 새로운 앎을 내려주신 스승의 뜻에 놀라움을 금치 못해 정신이 나간 듯한 상태를 보였다는 말로 풀이된다.

이처럼 망연자실은 정신이 아득해져 멍하니 어찌할 줄을 모르는 모습을 가리킨다. 우리가 일상적인 생활을 하다보면 자기 자신이나 또는 주변에서 망연자실하는 모습을 종종 볼 수 있다.

특히 예상치 못하게 갑자기 닥치는 화재나 폭풍우에 의한 수해 등으로 순식간에 삶의 터전을 잃는 등 재앙을 당하여 실의에 빠지는 경우처럼 주로 안타까운 현상을 비유해서 쓰이는 말로 보아야 할 것이다.

茫 아득할 망, 멍할 망   然 그러할 연, 그럴 연
自 스스로 자, 몸 자   失 잃을 실, 허물 실

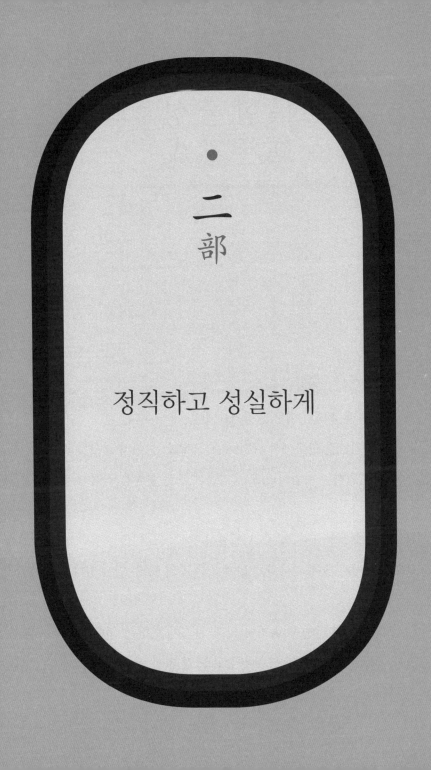

二
部

정직하고 성실하게

무한불성
無汗不成

땀 흘리지 않고 이루어지는 일은 없다

몇 해 전 충북의 어느 관광지를 갔을 때 일이다.

마침 기념관 한쪽에서 가훈(家訓)으로 쓰는 여러 글귀를 걸어 놓고 원하는 사람이 있으면 마음에 드는 문장을 직접 써주고 있었다.

거기에 걸려 있는 말 중 '무한불성(無汗不成)'이라는 말이 마음에 들어서 집에 와서 손주들에게 한 장씩 써 준 일이 있다.

그렇다. 세상에 땀 흘리지 않고 자기가 원하는 일을 어떻게 이룰 수 있는가. 요행수나 찾고 노력 없이 쉬운 길만 찾아 성공하기를 바라는 요즘의 일부 청소년들에게는 꼭 기억하고 명심하는 가훈이 아닌가 생각해 본다.

꼴찌도 노력하면 앞에 설 수 있고 가난한 사람도 다른 사람보다 좀더 근면성실하면 재벌은 못되더라도 부자는 될 수 있다는 사실은 세상이 존재하는한 변할 수 없는 진리일 것이다.
따라서 매사에 안 된다고 낙담하거나 부정하지 않고 더욱 분발하고 노력하는 자세를 굳건히 견지하는 자는 반드시 그에 상응하는 성공이 뒤 따를 것이라 확신한다.

봄 · 여름 땀흘리며 씨앗을 뿌리고 가꾸어야 가을에 수확할 수 있는 결실의 보람을 느끼지, 씨를 뿌리고 가꾸는 노력없이 결실만 기대할 수 없다는 사실을 명심해야 할 것이다.

無 없을 무, 아닐 무   汗 땀 한, 땀날 한
不 아니 불, 아닌가 부   成 이루어질 성, 이룰 성

과공비례
過恭非禮

—

지나치게 공손한 것은 오히려 예의에 벗어난다

'정도에 넘치는 공손은 오히려 실례(失禮)가 된다'는 말이다. 사람이 처음 만나 인사를 나눌 때도 적당한 자세와 표정을 지켜야 한다.

지나치게 친절하면 오히려 간사스럽게 느껴질 수 있다. 그렇다고 너무 무뚝뚝한 표정으로 대하면 상대방에게 무례한 인상을 갖게 할 수 있다.

이와 같이 평소 예절을 지키는데도 지나치게 넘치거나 부족하지 않는 적절한 중도(中道)의 범위를 지켜야 함을 강조하는 뜻을 품고 있다.

맹자(孟子) 이루장(離婁章)이 "대인은 예(禮) 아닌 예와 의(義) 아닌 의를 하지 않는다"는 말에 대해 송(宋) 나라 학자 정자(程子)는 "공손한 것은 본래의 예이나 지나친 공손, 즉 과공(過恭) 같은 행위는 예가 아닌 예"라고 풀이한데서 유래된 고사성어로 전해진다. 이는 '지나침은 미치지 못하는 것과 같다'는 과유불급(過猶不及)과 비슷한 뜻을 갖는 말이다.

사람의 처신이 적절하지 못하고 넘쳐서 상대방을 오히려 불편하게 만들 수도 있는 '과유불급'의 경우와 지나친 공손으로 예의에 벗어나게 하는 '과공비례' 모두가 우리의 일상생활에 각기 처지와 분위기에 알맞은 중도의 적정함을 지킬 수 있도록 교훈을 주는 말들이다.

過 지날 과, 지나칠 과   恭 공손할 공, 공손히 할 공
非 아닐 비, 어긋날 비   禮 예 례, 예우할 례

이하부정관
李下不整冠

—

의심 받을 행동은 처음부터 아예 하지 말라는 뜻

'오얏나무 아래를 지나갈 때는 머리에 쓴 관을 바로 하지 않는다'는 뜻이다.

다 익어 따 먹을 수 있는 오얏나무 밑을 지나며 손을 들어 모자를 고쳐 쓰다보면 마치 오얏을 따려는 것처럼 보일 수도 있다.

이렇게 사소한 것이라도 남에게 의심 받을 수 있는 행동은 조심하여야 한다는 뜻을 비유적으로 표현한 말이다.

사람이 살아가다 보면 괜스레 다른 사람한테 오해를 받거나 시비거리가 생기는 경우가 있을 수 있다. 따라서 아예 처음부터 그러한 일이 생기지 않도록 주의를 하여야 할 것이다.

비슷하게 쓰이는 우리의 속담으로 '참외 밭을 지나갈 때는 신발을 고쳐 신지 않는다'는 말과 같은 내용이라 볼 수 있겠다. 다 익은 참외반을 지나며 허리를 굽히고 신발을 고쳐신다 보면 참외를 따는것처럼 오해 받을 수도 있기 때문이다.

이와 같은 일은 우리가 일상생활을 하며 흔히 마주할 수 있는 일로 매사에 언행을 조심하는 자세를 지켜야 할 것이다.

李 오얏나무 이(리)   下 아래 하, 떨어질 하
不 아니 불, 아닌가 부   整 가지런할 정, 가지런이할 정
冠 갓 관, 어른 관

상선약수
上善若水

가장 위에 있으며 가장 위대한 선은 물과 같다

'물은 가장 공평하면서도 만물을 이롭게 한다.' '물은 만물과 다투지 않는다.' '물은 언제나 수평을 유지하면서도 모든 이가 싫어하는 낮은 곳을 찾아 흐른다.' 이와 같은 성질을 가진 물의 바람직스러움을 드러낸 고사성어로 노자(老子)의 '도덕경'에 나오는 말이다.

중국 북송시대 소철(蘇轍)은 노자의 이 말을 풀어 해석하며 물은 낮은 곳으로만 찾아 흐르는 '겸손', 막히면 돌아가는 '지혜', 더럽고 탁한 구정물까지 받아주는 '포용', 어떤 그릇에도

102

담기는 '융통', 그러면서도 바위도 뚫는 '끈기'와 폭포처럼 투신하는 '용기', 그러나 결국은 바다에 이르는 '대의' 등의 덕목을 갖고 있다고 풀어 해석했다. 모두가 인간으로써 물에 대하여 본받아야 할 바가 크다고 볼 수 있다.

사람들은 누구나 낮은곳보다는 높은곳을 찾아 살기를 원하는데 물은 낮은 곳으로 가기를 꺼리지 않는다. 오히려 낮은곳으로 더 낮은곳을 찾아 흐르므로 사람처럼 다툴일이 없으니 물이 상황에 따라 부드럽게 변하면서도 그 본래의 성질을 앓지 않는다.

현대에 살아가는 우리에게는 고대 노자(老子)가 보는 물의 생태와 성질을 깊이 음미해 보며 삶의 거울로 삼아도 지나침이 없을 것이다.

上 웃 상, 오를 상, 바랄 상
若 쫓을 약, 같을 약

善 착할 선, 좋을 선
水 물 수, 물일 수

증삼팽체
曾參烹彘

약속의 중요함을 비유해서 강조한 말

공자의 제자이자 효(孝)의 표본으로 알려진 '증삼(曾參)'과 얽힘 이야기다.

어느 날 증삼의 아내가 시장에 가는데 아이가 울면서 따라 가겠다고 조른다. 그러자 그의 아내가 '시장에 갔다 와서 돼지(彘)를 잡아 줄 테니 집에 있어라'고 하며 달래 떼어놓고 시장을 갔다 오니 증삼은 칼을 갈고 물을 끓여 돼지를 잡으려 했다.

증삼의 아내는 깜짝 놀라 '아이를 달래려고 한 말인데 정말로 돼지를 잡으려 하느냐'고 언성을 높였다.

그러자 증삼은 "당신이 아이에게 거짓을 가르치려 하느냐. 부모가 자식을 속이면 자식이 부모를 믿지 않게 된다"며 돼지를 잡았다.

그것을 본 아이는 친구에게서 빌린 책을 약속한 날짜에 돌려주고 오겠다고 자다말고 벌떡 일어났다고 했다.

가정에서나 사회에서나 신뢰는 그만큼 중요하다는 말로 쓰인다.

인간관계에서 서로 믿음을 갖는다는것은 건전한 사회를 구성하는 기초가 되는 일이다. 건전한 사회의 유지가 부강하고 백성이 잘 살 수 있는 국가의 기틀이 된다고 본다면, 남녀노소나 원근을 막론하고 비록 사소한 약속이라도 꼭 지킴으로써 믿음과 신용의 근본을 굳건히 하는 일은 우리 삶에서 매우 중요한 이이라고 할것이다.

曾 일찍 증, 거듭할 증   參 석 삼, 섞일 참

烹 삶을 팽, 삶아질 팽   彘 돼지 체

105

동상이몽
同床異夢

—

겉으로는 같은 척하면서도 속셈은 달리한다

같은 침상을 쓰고 기거(起居)를 함께하면서 다른 꿈을 꾼다는 뜻이다. 겉으로는 같은 척하면서도 속으로는 각각 다른 생각을 하고 있음을 일컫는 말이다.

비슷한 내용을 지니고 있는 말이지만 같은 상황에서 같은 생각을 하는 '동상동몽(同床同夢)'이나 반대로 각각 다른 상황에 처해 있으면서도 같은 생각을 하는 '이상동몽(異床同夢)'이라는 문구는 거의 쓰임이 없다.

이에 반해 '동상이몽'이라는 말만은 우리 생활에서 흔히 쓰고 있다. 이것은 아마도 사람마다 생각과 개성이 다르고 살아가는 방식이 다양해서 그런 것이 아닌가 생각해 본다.

중국 남송(南宋)때 학자인 진량(陳亮)이라는 사람이 한 말에서 유래되었다고 전해지는데 어쨌든 요즘에도 많이 사용되고 있다.

최근에는 책이나 TV드라마 또는 영화의 제목으로도 나오는 등 우리 주변에서 익숙하고 친근감을 느끼게 하는 한자성어이다. 또한 우리가 일상생활을 하면서 가족, 친구 뿐만 아니라 직장 동료 사이에서도 수시로 체험하고 느끼는 현상으로 어쩌면 사회생활하는데 크게 영향을 미치기도 하는 말일 것이다.

사람은 각자 자신의 꿈을 가지고 살아가기 마련이다. 그렇다고 모든 사람이 같은 꿈을 갖고 살아가는 것은 아니다.

동상이몽은 가까운 가족이나 친구라도 꼭 같은 꿈을 가지고 한 방향으로 만은 살 수 없기 때문에 일어나는 현상일 것이다.

同 한 가지 동, 같이할 동	床 평상 상, 마루 상
異 다를 이, 달리할 이	夢 꿈 몽, 꿈꿀 몽

군사부일체
君師父一體

—

임금, 스승, 부모의 은혜는 같다

임금, 스승, 아버지는 한 몸처럼 섬기어야 한다. 즉 임금과 스승과 아버지의 은혜는 같다는 뜻이다.

요즘에는 이 다섯 글자를 단순하게 이해하고 있지만 유학 (儒學)의 한 계통인 성리학(性理學)을 공부하던 조선시대의 사대부들에게는 자기 자신의 신념과 철학을 담고 있는 매우 유의미한 한자어구였다. 즉 조선의 선비들은 과거를 보고 벼슬을 하기 위해서는 성리학을 공부해야 했고, 벼슬을 하여 나라의 일을 하는 것은 바로 입신양명하여 출세하는 것으로 생각했기 때문이다.

그러한 경향은 지금까지도 이어내려오고 있어 국가의 공직을 담당하고 있는 소위 관리들한테서 권위주의적인 인상을 받게 되는 원인은 이 때문이 아닌가 생각된다.

　아무튼 그 당시의 선비들은 집안에서는 아버지의 말씀과 자신이 공부할 때 가르침을 주신 스승님과 나랏님이라 할 수 있는 임금님의 어명을 동일시 하여 받들고 섬기었다. 충효(忠孝)를 가장 큰 덕목으로 여기고 불충불효하느니 차라리 목숨을 잃는다는 생각을 하였던 것이다.

　그러나 오늘날에 있어서는 누구의 말씀이든 그 내용의 옳고 그름을 구분하고 나아가서는 자기의 생각이나 소신과 일치 여부를 가리는 등 개인주의가 우선시 되는 시대인지라 '군사부일체'라는 말의 당초 의미가 많이 퇴색되었음은 어쩔 수 없는 시대적 흐름에 따라 변해오는 현상이 아닌가 한다.

君 임금 군, 부모 군　　　　師 스승 사, 군사 사

父 아비 부, 아버지 부　　　一 한 일, 하나로, 할 일

體 몸 체, 모양 체

언어도단
言語道斷

—

어이없어 말이 안 나온다

말문이 막힌다는 뜻으로 어이가 없어서 어떤 말로도 표현할 수가 없음을 이르는 말이다. 본래의 뜻은 말로는 표현할 수가 없는 최상의 진리(眞理), 이심전심(以心傳心)으로만 전수되는 진리본체를 가리키는 말이었다. 그러나 오늘날에 와서는 너무나도 엄청나게 사리(事理)에 어긋나서 이루 말로는 다할 수 없음을 뜻하는 "말도 안 된다" 등으로 쓰이고 있다.

원래는 불교의 선(禪)에서 나오는 "열반(涅槃), 즉 깨달음이라는 것은 문자로 표현할 수가 없고 경전이나 교리로도 전

110

할 수 있는 것이 아니며 언어로 설명할 수도 없는 마음이 끊어진 곳이다"에서 나온 말이다. 그런데 시간이 흐르면서 쓰이는 용처가 본뜻의 심오한 내용과는 달리 일반적이고 실용적으로 바뀌어 사용되기도 한다.

그 한 예로 "한국전쟁이 북침으로 일어났다는 말은 '언어도단'이다." 또는 "일부다처제를 허용하자는 것이야 말로 '언어도단'이다." 등이다.

이처럼 실제 사실과 너무 동떨어지게 말도 안 되는 소리라고 강조할 때 주로 사용되고 있다.

세상일은 춘하추동 사계절이 바뀌고 밤과 낮이 변함없는 순서에 따라 바뀌듯이 자연 순리에 맞고 사리에 너무 벗어나지 않는 범위 내에서 상식적으로 이루어지는 것이 가장 바람직할 것이다.

言 말씀 언, 말할 언   語 말할 어, 알릴 어
道 길 도, 말할 도   斷 끊을 단, 끊어질 단

인면수심
人面獸心

사람의 얼굴에 짐승과 같은 마음

사람의 얼굴 모습을 하였으나 마음은 짐승과 같다는 뜻이다. 인간으로서의 도리를 지키지 못하고 배은망덕(背恩忘德)하거나 행동이 몹시 흉악하고 음탕한 사람을 이르는 말로 쓰인다.

'인면수심'은 중국 한(漢)나라 때 '반고'라는 사람이 지은 한서(漢書) 흉노전(匈奴傳)에 나오는 말이다.

흉노(匈奴)는 몽골고원과 만리장성 일대를 중심으로 활동하는 유목기마 민족으로 주(周)나라 때부터 중국 북방을 침략해 중국인들은 그들을 '북방의 오랑캐'라고 불렀다.

흉노전에서 이들을 가리켜 "오랑캐들은 머리를 풀어헤치고 사람의 얼굴을 하였으되 마음은 짐승과 같다"고 표현한데서 인면수심이라는 말이 유래되었다고 전해진다.

실제 오늘날도 남의 은혜를 모르거나 마음이 몹시 흉악하고 음탕한 사람을 가리켜 인면수심이라는 고사성어를 덧붙이는 것을 종종 볼 수 있다.

보통사람으로는 상상하기조차 어렵게 흉악한 행동으로 사회적 물의를 일으키거나 인간으로서는 도저히 있을 수 없는 불륜의 음탕한 짓으로 일반적 상식을 뒤 엎는 짓을 한 뉴스 통해 접할 때가 있다.

이럴 때 '어쩌면 사람의 탈을 쓰고 그럴 수가 있나'라고 생각될 때 떠오르는 말이 바로 '인면수심' 일 것이다.

人 사람 인, 사람마다 인   面 낯 면, 탈 면

獸 짐승 수, 포 수   心 마음 심, 근본 심

우공이산
愚公移山

꾸준히 노력하면 목표를 이룬다

'우공(愚公)이 산을 옮긴다'는 말이다. 남이 보기엔 어리석은 일 같이 보이지만 한 가지 일을 끝까지 소신있게 밀고 나가면 언제인가는 소기의 목적을 달성 할 수 있다는 뜻이 담겨 있다. 열심히 하면 마침내 큰일을 이룰 수 있음을 비유하는 말이다.

옛날 중국에 '우공'이라는 나이가 구십이나 되는 노인이 살았다.

그의 집 앞에는 커다란 산이 두 개나 있어서 어디를 가려면 가로막힌 산을 빙빙 돌아가는데 무척이나 힘이 들고 많은 시간이 걸렸다고 한다.

그래서 우공은 그 산을 옮기기로 결심한다. 그리고 자식들과 함께 한 삽, 두 삽, 산을 깎아 삼태기에 담아 옮기기 시작했다.

이를 보던 주변사람이 "구십 노인이 살면 얼마나 살겠다고 그렇게 허무맹랑한 일을 하느냐"며 비웃었다.

그러자 우공은 "내가 못 옮기면 내 자식들이 계속 할 것이고, 내 자식들이 끝을 못 내면 그 뒤의 내 자손들이 계속하다 보면 언젠가는 산을 다 옮길 수 있을 것"이라고 한데서 전해지는 고사성어이다.

삶의 자세에서도 이렇게 꾸준하고 진득함이 필요함을 이르는 말이다.

愚 어리석을 우, 우직할 우   公 공변될 공, 주인 공
移 옮길 이, 옮을 이   山 메 산, 산신 산

타산지석
他山之石

남의 하찮은 일도 내겐 도움이 될 수 있다

    남의 산에 있는 거칠고 볼품없는 돌이라도 자기의 구슬을 가는 숫돌로 쓸 수 있다는 말이다. 다른 사람의 하찮은 언행일 지라도 자기의 덕과 마음을 수련하는데는 도움이 될 수 있다는 뜻으로 사용된다. 즉 나와 직접 관계가 없어 보이는 일들이라도 나의 인격을 수양하고 마음을 닦는 데는 도움이 될 수 있다는 의미로 쓰일 수 있다.

    세상을 살아가면서 다른 사람들의 행동이나 말하는 것을 보고 내 삶을 반추하며 인생의 깊은 뜻을 깨닫게 되는 경우가 종종 있다. 자기 자신의 지나온 일이나 잘못을 미처 깨닫지 못하고 있을 때 우연히 다른 사람의 언행에서 자기의 생각이나 지난날 저지른 잘못을 깨닫고 뉘우치게 되는 때도 있다. 이럴 때 남의 일이라고 무심히 지나치지 말고 내 자신과 비유해 보는 일도 바람직할 것이다.

  사람은 누구나 양심껏 올바르게 살고 있다고 생각하지만 다른 사람이 볼 때 상식 밖의 일이라고 느껴질 수도 있다. 이렇듯 자신이 보는 관점과 다른 사람이 보고 느끼는 생각은 각각 다르기 마련이다.
  다른사람이 하는 일을 거울 삼아 자기자신을 돌아볼 수 있음은 우리의 일상생활에서 매우 필요하면서도 바람직한 일이라고 생각된다.

他 남 타, 딴일 타　　　　山 메 산, 산신 산
之 갈 지, 이어질 지　　　　石 돌 석, 굳을 석

일벌백계
一罰百戒

—

한 사람을 벌주어 백 사람을 경계한다

한 가지 죄, 또는 한 사람의 잘못을 엄하게 벌줌으로써 여러 사람이 경각심을 일으키도록 하여 범죄를 예방하겠다는 뜻이다.

중국 전국시대 '손자병법'을 저술한 제(齊)나라 '손무(孫武)'가 군사훈련을 시키며 군령(軍令)을 강화하고 엄격한 군기를 세우는데 사용했다는 말로 전해지는 고사성어이다.

일벌백계란 한 사람을 엄하게 벌주어 다른 모든 사람에게 경각심을 불러일으키게 함으로써 많은 사람이 잘못을 저지를 수 있는 마음을 아예 처음부터 제거하는 효과를 거두고자 한 것이다.

특히 전쟁을 할 때는 군령의 준엄함을 보여줌으로써 다른 모든 장병에게 경종을 울릴 수 있다는 뜻에서 흔히 쓸 수 있는 전술적 가치를 가지고 있는 형벌이라 할 수 있다.

그러나 오늘날에는 사회 각 분야에서 발생하는 각종 위법 행위에 대하여도 일일이 다 형벌로 다스릴 수가 없는 여건이 많다. 따라서 법에 위반된 한 두 사례를 검거하여 엄중하게 처벌하므로써 사회를 안정시키고 모든 사람들에게 준법정신을 고취 시킬 수 있는 방안이라 할 수 있을 것이다.

一 한 일, 하나 일
百 일백 백, 백번 백

罰 벌 벌, 벌줄 벌
戒 경계할 계, 경계 계

교언영색
巧言令色

—

겉만 교활하게 꾸미는 말과 얼굴

남의 환심을 사려고 아첨하며 교묘하게 하는 말과 보기 좋게 알랑거리는 얼굴빛을 이르는 말이다.

원래는 논어 학이(論語 學而)편에 나오는 말로 남에게 잘 보이려고 '듣기 좋은 말을 하고 보기 좋게 얼굴을 꾸민다'는 뜻인데 공자님도 '교언영색'은 인(仁)이 아니라고 했다.

우리가 사회 생활하는데, 특히 조직생활을 하면서는 정말로 아무뜻도 없으면서 눈꼴 사나울 정도로 알랑대거나 아첨하는 사람들을 흔히 볼 수 있다.

한 예로 요즘은 안 그러겠지만 얼마 전까지만 해도 기관장이나 직장의 상사와 같이 회식하는 모임이 있을 때는 서로가 윗사람의 옷이나 신발을 먼저 받으며 눈도장을 찍으려고 다투는 모습이 비일비재했다고 들었다.

물론 세상을 살아가려면 수시로 마음이 괴롭거나 불쾌하거나 또는 섭섭함을 느끼는 때가 있으며 그러한 속마음을 남에게 나타내 보이는 것도 삼가야 할 일이다.

하지만 그렇다고 어떤 이해관계를 위해 속에도 없는 억지 웃음이나 듣기 좋은 말로 남의 비위를 맞추려고 하는 짓 또한 다른 사람들의 지탄을 받을 일이 아닐 수 없다.

巧 공교할 교, 예쁠 교
令 하여금 령(영), 아름다울 령(영)
言 말씀 언, 말할 언
色 빛 색, 낯 색

계륵
鷄肋

—

취하기도 버리기도 애매한…

닭의 갈비라는 뜻으로 그다지 쓰임새는 없으나 그렇다고 아주 버리기는 아까운 사물을 일컫는 말이다.

실제로 닭의 갈비는 소갈비나 돼지갈비처럼 살이 많이 붙어있지 않아 먹을 만한 것이 별로 없지만 그렇다고 아주 처음부터 버리기는 어딘가 조금 아쉬운 마음이 들게 된다.

우리가 평소 생활하는데도 그러한 경우가 자주 있다. 우선 당장 늘 사용하는 책상 서랍이나 옷장 등과 같이 우리 바로 곁에 있는 주변을 둘러보아도 수시로 쓰는 물건이 아니고 심지어는 몇 년 동안 한 번도 입어보지 않은 옷들이 그냥 그대로 있어서 '버려야지, 버려야지'하면서도 막상 버릴려고 하면 '혹시나 다시 찾게 되지 않을까'하고 망설이기 일 수다.

물건 뿐 아니라 사람도 그런 경우가 있다. 어느 모임이나 조직에서 있어도 그만, 없어도 그만으로 조직이나 단체에 별 도움이 안 되는 사람들이 있지만 그렇다고 제외시키기도 또 한 쉽지 않은 것을 종종 볼 수 있어 그런 사람을 볼 때마다 서로 민망하게 계면쩍어 할 때가 있다.

사람이 기왕에 사회생활을 하며 공동으로 어울려 살아가려면 계륵(鷄肋)같은 존재가 되지는 말아야 할 것이다.

그러러면 뚜렸한 참여 의지와 적극적인 협조정신으로 주변과 함께 한다는 자세가 뒷받침되어야 꼭 필요하고 없어서는 안 될 사람으로 인정 받을 수 있을 것이다.

鷄 닭 계　　　　　　　　　　肋 갈빗대 륵

대기만성
大器晚成

크게 이루려면 시간이 걸린다

큰 그릇을 만들려면 오랜 시간이 걸린다는 뜻이다. 사람도 뛰어나고 훌륭한 큰 인물이 되기 위해서는 많은 노력과 오랜 시간의 수련이 필요하다는 의미를 품고 있는 말이다.

우리가 무심히 쓰고 있는 '크다'는 말은 보통의 정도와 비교해서 중간을 넘어서는 경우를 말하듯이 무엇이든 중간을 넘어서려면 보통의 노력보다 더 큰 공을 들여야 할 것이다. 마찬가지로 남보다 앞서려면 남들이 하는 것보다 어떤 방법으로든 더 많은 노력과 정성을 기울여야 된다.

그것은 시간이 될 수도 있고 땀이 될 수도 있고 기타 자본 같은 것이 될 수도 있을 것이다. 그러니 '대기만성'이라는 말은 주로 공부하는 학생이나 기타 수련하는 사람들에게 적용된다고 할 수 있다.

큰 뜻을 이루기 위해서는 너무 조급하게 서둘지 말고 다소의 시행착오가 있더라도 포기하는 일 없이 끈기 있는 노력의 뒷받침이 있어야 한다.

마라톤 경기에서 아무리 처음 출발을 잘 했더라도 중도에서 포기하고 결승점에 이르지 못하면 입상을 기대할 수 없듯이 말이다.

중국 삼국지(三國志) 위서(僞書)의 최염전(崔琰傳)등에서 유래되었다고 전해진다.

大 클 대, 크게할 대   器 그릇 기, 그릇으로 쓸 기
晩 저물 만, 늦을 만   成 이루어질 성, 이룰 성

촌철살인
寸鐵殺人

핵심을 찌르는 한마디 말

한 치 밖에 안 되는 쇠꼬챙이나 칼로도 사람을 죽일 수 있
다는 뜻이다. 간단한 말이나 글로 상대방을 감동시키거나 또
는 사물의 급소를 찌름으로서 기세를 잡는 일을 비유하는 말
이다.

물론 '촌철살인'을 위해서는 깊은 학문이나 많은 수련이 필
요하지만 세상을 살아가는데 꼭 지녀야 할 '비장의 무기'이기
도 하다.

반면에 어떤 사람은 몇 시간을 얘기해도 듣는 사람의 입장
에서는 '무엇을 말하려 하는지' 요점 전달이 안 되는 경우도

있다. 또한 작은 참새 한 마리 잡기 위해서 큰 몽둥이 같은 것을 들고 나가는 경우도 있기 때문에 '촌철살인'이라는 말이 나왔으리라 생각된다.

부드러우면서도 간단하고 명료한 몇 마디의 말이나 사람을 놀라게 할 만큼 잘 지은 문구를 이용해 상대를 설득하고 굴복 시킬 수 있는 능력을 갖출 수 있다면 여러 상황에서 유용할 것이다.

특히 오늘날과 같이 복잡하게 이해관계가 얽혀있는 국제 사회에 있어서의 외교관들에게 필수적으로 갖추어야 할 자질 일 것이다.

그러기 위해서는 문제의 핵심을 정확하게 파악하고 그 핵 심에 걸맞는 표현을 할 수 있도록 사전에 충분한 준비와 노력 이 뒷받침되어야 할 것이다.

寸 치 촌, 촌수 촌　　　　　鐵 쇠 철, 철물 철
殺 죽일 살, 지울 살　　　　人 사람 인, 남 인

대간사충
大姦似忠

—
간사함을 앞세워 충신인 척하다

아주 간사한 사람은 아첨하는 수단과 방법이 매우 교묘하고 흡사 크게 충성하는 사람과 같아 악한 본성을 숨기고 충실한 척 한다는 뜻으로 쓰인다.

우리는 일상에서 흔히 "열 길 물속은 알아도 한길 사람 속을 모른다"고 말한다.

이처럼 겉으로는 아주 점잖은 척 하면서도 뒤로는 온갖 못된 짓을 다하는 사람들 때문에 순수한 인간사회의 아름다운 질서를 흐려놓는 일들이 드물지 않게 있다.

반면에 사촌이 땅을 사면 배 아파하고 남 잘되는 일을 못

보는 사람도 있다. 진실하고 정당하게 어떤 일을 해도 괜스레 시비하고 흠을 잡아 깎아 내리려고 하는 유형의 사람이다.

이같은 사람들 때문에 사회가 시끄러워질 때도 있는데 정당한 비판이나 충고가 아니라 시기하고 허물이나 실수만 찾으려 하는 일도 삼가야 할 것이다.

옛날 중국 송나라 때 '왕안석'이라는 선비가 있었다. 그는 부패한 관리들이 백성들을 지나치게 착취해 위태로워진 나라의 국면을 벗어나기 위한 새로운 법 제정을 추진했다. 이를 통해 부정과 부패를 바로 잡으려했던 것이다.

그러나 이에 반대하는 대지주나 부패한 관료들이 임금에게 '왕안석'은 '간사함을 숨기고 충신인 척한다'고 모함하며 탄핵 상소를 올렸다는 데서 나왔다는 고사성어가 대간사충이다.

大 클 대, 크게할 대　　　　姦 간사할 간, 간음할 간
似 같을 사, 흉내낼 사　　　　忠 충성할 충, 정성스러울 충

구밀복검
口蜜腹劍

겉으로 친절한 척하며 속마음은 엉큼하다

'입에는 꿀이 있으나 뱃속에는 칼을 품고 있다'는 말이다.
겉으로는 친절한척 듣기 좋은 말을 하지만 마음 속으로는 엉
큼한 생각을 하는 사람을 비유하는 말이다.

세상에는 비록 자신과 뜻이 같지 않아 마음에 들지 않는 사
람도 있을 수 있다.
겉으로는 전혀 미워하는 내색을 하지 않고 온화한 표정과
듣기 좋은 말로 상대의 경계심을 풀게 하고 나서는 뒤로 온갖
나쁜 누명을 뒤집어 씌워 좌절시키는 간교한 사람을 종종 보

게 된다.

자칫 이같은 사람을 믿고 따르다가 낭패를 보게 되면 얼마나 분하고 속이 상하겠는가.

우리는 언제나 겉과 속이 다르지 않아 서로 믿고 신뢰하는 사람들만이 가득한 안정되고 평화로운 사회가 구현되길 희망해야 할 것이다.

당(唐)나라 현종(玄宗) 말기에 '이임보'라는 간신이 황제의 비위만 맞추면서 절개가 곧은 충신의 간언(諫言)이 황제에게 전달되지 못하게 했다. 또 능력있는 선비들을 미워하고 질투하여 자기보다 나은 사람을 배척하는 성격의 소유자였다.

이에 따라 현명한 많은 선비들이 "이임보는 입에 꿀이 있는 것 같지만 뱃속에는 칼을 품고 있다"고 한데서 유래되었다고 전해온다.

口 입 구, 아가리 구   蜜 꿀 밀

腹 배 복, 두터울 복   劍 칼 검, 죽일 검

개과천선
改過遷善

지난 날의 잘못을 뉘우치고 고쳐 착하게 됨

지나간 잘못이나 허물을 뉘우치고 어질고 착한 사람으로 고쳐 살게 되는 것을 이르는 말이다.

사람은 누구나 잘못을 저지를 수 있지만 유별나게 다른 사람들을 못살게 굴며 여러 사람한테 지탄받을 짓을 하고 지내는 사람을 주변에서 종종 볼 수 있으나 누구도 뒷날의 해코지나 보복이 두려워 앞장서 지적하고 나무라지 못하는 경우가 있다.

이럴 때 어떤 자극 등으로 인해 스스로 자신의 잘못을 뉘우치고 반성하며 착한 사람으로 새롭게 살아가게 되면 모두들 그 사람에게 "개과천선 했다"고 이른다.

　그러나 어찌 그 일이 그리 쉽게 이루어질 수 있겠나. 그러기 위해서는 스스로 피 눈물 나는 반성과 뼈를 깎는 자기 혁신의 노력이 뒤따르지 않고는 어려운 일이다. 그러기에 옛날 중국에서부터 고사성어로 잊혀지지 않고 전해 내려오고 있는 것이다.

　중국 진(晉) 나라에 '주처(周處)'라는 사람은 어려서 아버지를 잃고 방탕한 생활을 하면서 살았는데 힘이 장사라서 얼핏하면 주변사람들에게 포악한 짓을 하는 등 괴롭혔다.

　주처는 어느날 철이 들면서 자신의 과오를 깨닫고 지난날의 허물을 고쳐 새사람이 되겠다고 각오를 다진다.

　그러자 마을 사람들이 "지난날의 과오를 고쳐 새사람이 된다면 자네의 앞날은 무한할 것"이라고 격려해준데서 유래되었다고 전해온다.

改 고개 칠, 고쳐 질 개　　　　過 지날 과, 잘못할 과
遷 옮길 천, 바뀔 천　　　　　善 착할 선, 잘할 선

혹세무민
惑世誣民

—

세상을 혼란하게 하고 백성을 속임

세상을 어지럽히고 사람들을 현혹시켜 속인다는 뜻이다.
잘못된 이론이나 주장으로 백성들을 속이고 기만해 사사로운
이익을 취하는 것을 비유한 고사성어이다.

혹세무민은 원래 중국 명(明)나라 환관 '유약우(劉若愚)'가
쓴 작중지(酌中志)에 나온다.

당시 일부 승려들이 백성들을 기만해 호의호식하는 일이
빈발하자 그러는 승려들한테 "혹세무민한다"고 비난한데서
유래한다고 전해진다.

그후로 사이비 종교인이나 바르지 못한 지식인 또는 정치

인이 그릇된 주장으로 일반 시민들을 호도해 사욕을 채우는 경우를 지칭할 때 많이 쓰이고 있다.

비슷한 말로 곡학아세(曲學阿世)와 기세도명(欺世盜名)이 있다. 곡학아세는 '그릇된 학문으로 세상에 아첨한다'는 뜻으로 학문과 지식의 진실을 굽혀가며 아부하여 출세하려는 태도를 비판하는 말이다. 기세도명은 '세상을 속이고 명예를 훔친다'는 뜻이다.

정의로움을 추구하는 사회에서 정직하고 올바른 생활이 우선되어 백성들이 편안하고 국민의 화합과 인류의 평화가 지향되어야 한다.

그럼에도 여기에 역행하여 거짓과 허위로 다른 사람을 속이려는 사이비 종교인이나 기타 위선자들은 마땅히 지탄 받아야 할 것이다.

惑 미혹할 혹, 미혹케 할 혹   世 세상 세, 인간 세
誣 무고할 무, 꾸밀 무   民 백성 민

이합집산
離合集散

모였다 흩어지고, 흩어졌다 다시 모인다

모였다 흩어지는 회산(會散) 또는 취산이합(聚散離合)과 같은 뜻을 갖는 사자성어이다.

자유주의시대 이탈리아의 정치적 거래와 타협의 관행을 일컫는 말인데, 이 말의 기원은 1850년대 우파와 좌파 사이의 협력에 의해 설립된 연립에서 유래되었다고 한다.

아무튼 정치적으로 안정된 의회의 다수파를 확보하기 위해 우파 또는 좌파에서 상대편에 있는 인물들을 자기편으로 끌어 들이는 데서 시작되었다고 본다면 틀림없을 것이다.

이합집산의 관행은 오랫동안 이탈리아 정치의 후진성을 보여주게 되었다고도 한다.

대중의 민주적 참여 없이 전개되는 과정에서 정치계급과 일반 민중 사이의 괴리가 나타나기도 했다.

결과적으로 밀실에서의 의회정치인 이합집산은 안정된 정당 정치구조가 수립되지 못한 시기에 의회주의 체제를 유지하는 기능을 했다고도 평가된다.

요즘에도 사회 각 분야에서 각자의 이해관계에 따른 이합집산 현상을 많이 볼 수 있다. 특히 정치 분야에서 두드러지게 나타나는 것은 민주정치 구조상 정치세력의 집단화에 의한 정당의 유지 또는 강화를 위한 기본적 과정이기 때문일 것으로 생각된다.

離 떠날 리(이), 흩어질 리   合 합할 합, 모일 합
集 모을 집, 모일 집   散 헤칠 산, 헤어질 산

지록위마
指鹿爲馬

—
사슴을 가리켜 말이라 한다

사슴을 가리켜 말이라고 한다는 뜻으로 사실이 아닌 것을 사실이라고 억지 쓰며 모순되는 것을 강압으로 인정하게 하거나 윗사람을 농락하여 권세를 마음대로 부림을 비유해서 표현하는 고사성어이다.

중국 천하를 통일한 진시황(秦始皇)이 불과 오십세라는 나이에 세상을 떠났다. 그러자 환관 '조고(趙高)'는 당시 승상(丞相)이던 '이사(李斯)'와 짜고 진시황의 유서를 조작하여 태자인 부소(扶蘇)를 죽게 하고 다루기 쉬운 어린 왕자 호해(胡

亥)를 황제로 옹립했다.

호해는 통일된 진(秦)나라의 2세 황제이다. 권력을 잡은 조고는 황제를 이용하여 승상 이사 등 많은 신하들을 죽이고 자신이 승상이 되었음에도 만족하지 않았다.

황제 자리까지 넘보던 조고는 나머지 신하 중에서 자신을 반대하는 사람을 가려내기 위해 계략을 꾸민다.

그는 황제에게 사슴 한 마리를 바치면서 "이것은 말입니다"라고 한다. 그러자 황제는 웃으면서 "승상이 잘못 보았소"라고 말하지만 신하들 중에는 말이라며 조고에게 아부하는 자도 있고 사슴이라고 사실을 말하는 자도 있었다.

이 일이 있은 후 조고는 말이라고 하지 않은 자들을 모두 죽였다고 한다.

그 후부터 조고의 말에 반대하는 사람은 하나도 없었다는 데서 사슴을 보고 말이라고 억지쓰는데서 유래된 것으로 전해온다.

指 가리킬 지, 손가락질 지   鹿 사슴 록, 곳집 록
爲 할 위, 행위 위   馬 말 마, 산가지 마

자승자박
自繩自縛

—

자기가 한 말로 자신이 곤란해지다

자신이 만든 끈으로 자기 몸이 스스로 묶인다는 뜻이다. 자기가 한 말과 행동에 자신이 구속되어 어려움을 겪는 것을 이르는 고사성어이다.

자기 스스로를 옭아 묶을 정도로 자신의 언행 때문에 자기가 속박 당하고 괴로움이나 어려움을 겪게 되는 경우를 비유하는 말. '자기가 만든 법으로 인해 자신이 해를 얻는다'는 뜻의 작법자폐(作法自斃)와 비슷하다.

중국 한서(漢書) '유협전'에 '자박(自縛)'이라는 말이 나온다. 내용은 시장에서 '원섭(原涉)'의 노비(奴婢)가 백정(白丁)과 언쟁을 한 뒤 그를 죽이게 된다. 그러자 무릉(茂陵)의 태수 윤공(尹公)이 원섭을 죽이려고 하니 협객(俠客)들이 "원섭의 종이 법을 어긴 것은 원섭이 부덕한 탓이니 그에게 웃옷을 벗고 스스로 묶어(自縛) 화살로 귀를 뚫고 법정에 나가 사죄하게 하면 당신의 위엄도 유지 될 것"이라고 한데서 유래된 말이라고 전해진다.

　다양하고 복잡한 현대사회에서 자승자박되는 일이 없도록 평소에 세심한 주의가 필요하지 않은가 생각된다.

自 스스로 자　　　　　　　　　繩 노끈 승. 먹줄 승
縛 묶을 박. 포승 박. 얽을 박

마이동풍
馬耳東風

―

남의 말을 귀에 담지 않고 흘려 듣는다

봄 바람이 말(馬)의 귀를 스치며 지나간다는 뜻이다. 남의
말을 귀담아 듣지 않고 바로 흘려버림. 즉 남의 말에 귀 기울
이지 않고 무관심하거나 무시하여 대수롭지 않게 생각하며
그냥 흘려 듣는 것을 의미하는 말이다.

중국 당(唐)나라 시인 '이백(李白)'이 밤늦도록 혼자서 술을
마시다가 느낀 감회를 적어 보낸 왕거일(王去一)의 시에 회답
하며 읊은 시 '답왕십이한야독작유회(答王十二寒夜獨酌有懷)'
중에 나오는 '마치 동풍이 말의 귀를 쏘는 듯(有如東風射馬耳)'

이라는 시구(詩句)에서 유래 되었다고 전해온다.

　남들이 하는 말이나 의견을 귀 담아 듣고 존중하며 상대방의 조언이나 충고도 잘 받아드리도록 하는 교훈적 의미가 담겨 있다고 볼 수 있다.

　물론 상대방의 말을 잘 들어주는 자세는 우리가 사회생활을 하는데 갖추어야 할 기본 예의다. 그런 사람은 어디를 가든 또 누구를 만나 어떤 대화를 나누든 좋은 인상을 주게 되고 나아가 대인관계가 원만해질 것이다.

　반면 상대방이 힘들여 말하는데 귀 기울이지 않고 딴 짓을 하는 사람은 무례하면서도 상대편에 좋지 않은 인상을 갖게 하는 바람직하기 못한 자세로 사람의 품격을 스스로 낮추는 일이다. 뿐만 아니라 남의 말을 잘 경청하는 일은 자신의 새로운 지식이나 정보를 충전시키는 일로 결코 소홀히 넘겨서는 안 될 것이다.

馬 말 마, 아지랑이 마　　　　　耳 귀 이, 어조사 이
東 동녘 동, 봄 동　　　　　　　風 바람 풍, 빠를 풍

자가당착
自家撞着

자신이 한 말의 앞뒤가 맞지 않는다

'자가(自家)'는 스스로 거주하는 집 또는 자기 자신이라는 뜻이고 '당착(撞着)'은 둘 이상의 것들이 서로 부딪치거나 맞붙기도 함을 뜻하는 말이다.

자기가 한 말의 앞뒤가 맞지 않거나 언행 또는 문장의 전후가 어긋나고 일치하지 않음. 즉 자기 '모순'에 속하는 논리적 오류로 자기가 했던 주장이 도리어 자기 자신을 부정하는 근거가 되는 경우를 말한다.

이 말은 본래 불가(佛家)에서 자기 자신 속에 있는 불성(佛性)을 깨닫지 못하고 외부에 허황된 목표를 만들어 헤매는 것을 경계하는데 쓰였다고 한다.

"수미산은 높아 봉우리도 보이지 않고 바닷물은 깊어 바닥이 보이지 않네. 흙을 뒤짚고 먼지를 털어도 찾을 수 없는데 머리를 돌려 부딪치니 바로 자신이로다(回頭撞着著自家底)."

이 말에서 유래됐는데 후에 뜻이 확대되어 자기가 한 말의 앞뒤가 맞지 않는 것을 비유해서 쓰이고 있다.

대개 자기주장이 강한 사람들한테서 볼 수 있는 현상이다. 다른 사람의 입장이나 주변 여건 등에는 소홀히 하며 자기 생각만 앞세우다보면 나중에는 자기 모순에 빠진 것도 모르게 되는 경우가 있다.

또한 자기의 주장이 이율배반적이었다는 것을 스스로 느끼게 될 때에는 이미 주위의 비난과 손가락질을 받은 뒤가 될 것이다.

自 스스로 자, 몸 자   家 집 가, 살 가

撞 칠 당, 부딪칠 당   着 붙을 착, 부딪칠 착

사상누각
砂上樓閣

—

모래 위에 지어 기초가 불실한 집

　모래 위에 세운 다락집처럼 기초가 약하여 무너질 염려가
있고 오래 유지 할 수 없고 실현 불가능한 일을 비유해서 표
현하는 한자성어이다. 이와 비슷한 뜻으로 공중누각(空中樓
閣)이라는 말이 있다. '공중에 떠있는 누각'이라는 말로 현실
성이 없는 일이나 근본이 없는 일을 지칭한다.

　중국 송(宋)나라 때 학자 심괄(沈括)이 쓴 몽계필담(夢溪筆
談)에서 "등주(登州)는 사면이 바다로 둘러 쌓여 있고 늦은
봄부터 여름까지 멀리 수평선 위로 누각들이 줄을 이은 도시

가 보이는데 사람들은 이것을 해시(海市)라고 한다"라는 글이 있다. 그 후 청(靑)나라의 다른 학자가 이 글에 대하여 "지금 말과 행동이 다른 사람을 가리켜 공중누각이라고 하는데 바로 이와 같은 것을 말한다"라고 한데서 유래되었다고 전해 온다.

사상누각에 대하여는 특별하게 사용된 사례를 찾아 볼 수가 없지만 기초가 약하여 오래 지탱하지 못하거나 실현불가능한 일을 빗대어 말하는 데는 서로 같은 뜻의 풀이라고 볼 수 있을 것이다.

어떤 일을 할 때는 사전에 충분한 검토와 빈틈없는 준비로 기초를 완벽하게 한 후 일을 추진해야 한다. 근본은 불확실하고 겉만 그럴 듯하면 결과가 불실하고 오래가지 못한다는 사실은 변할 수 없는 진리다.

砂 모래 사, 약 이름 사　　　上 윗 상, 오를 상
樓 다락 누(루), 망루 루(누)　　閣 집 각, 다락집 각

탐관오리
貪官汚吏

—

사적인 욕심만 채우는 부패한 관리

탐욕이 많고 행실이 깨끗하지 못한 벼슬아치를 일컫는 말로 부정부패와 권력형 범죄가 심각한 관료를 뜻한다.

인류 역사에서 자신의 이득을 최대한으로 늘리려는 욕구는 처음부터 계속 이어져 왔다. 그러한 욕구가 오늘날 인류가 존재하는데 긍정적인 작용을 한 것도 사실이다.

다른 동물들과 달리 생태계에서 인류는 만물의 영장이 될 수 있도록 끊임없이 새로운 도구나 제도 등을 개발하면서 스스로의 힘을 키워가며 발전해 왔다.

다만 벼슬하는 기회에 그 자리에 있으면서 지배적인 지위와 권력을 부정한 방법으로 이용하는 것은 문제였다.

자기의 영향력 아래 있는 사람들의 '피와 땀을 짜내는 식'으로 자신의 재산이나 권력을 늘리려 하는 자들에 대한 원성과 비난이 함축되어 표현한 말이 바로 우리에게 부정적인 이미지를 심어주는 '탐관오리'일 것이다.

이렇게 개인의 탐욕을 앞세우는 인간들 때문에 그들의 대상이 되는 많은 다른 사람들이 심한 고통을 받아야하거나 심지어는 생존에 대한 큰 위협이 될 수 있었기에 그러한 행위는 사회적으로 지탄을 받아야하고 엄격히 금지되어야할 것이다.

貪 탐낼 탐, 탐할 탐	官 벼슬 관, 벼슬아치 관
汚 더러울 오, 괸물 오	吏 벼슬아치 리, 아전 리

사필귀정
事必歸正

—

모든 일은 반드시 올바른 이치대로 돌아간다

어떤 일에 있어 처음에는 옳고 그름을 가리지 못하여 올바르지 못한 일이 일시적으로 통용되거나 득세하는 경우도 있지만 결국에는 반드시 정당하고 바른 이치대로 돌아가게 됨을 비유해서 나타내는 사자성어이다. 여기에서 '사(事)'는 '이 세상의 모든 일'을 뜻하고 '정(正)'은 정당하고 올바른 이치'를 일컫는 것으로 보아야 할 것이다.

우리가 일상생활을 하면서 자주 쓰는 말로 세상의 순리와 인생의 정의로움을 말하며 세상일이 꼭 이렇게 되어야 할 것이라는 신념마저 들게 하는 말이다.

대부분의 사람들은 자신이 옳다고 생각하며 살아가기 마련이다. 하지만 자신의 옳다는 생각도 시간이 지나면서 옳지 않게 느껴질 수도 있다. 또 자신의 생각이 다른 여러 사람들의 입장에서 보면 정의롭지 않을 수도 있을 것이다.

정의로움의 판단 기준을 설정한다는 것은 매우 어려운 일이 아닐 수 없다. 다만 각자가 현실은 자기의 신념대로 살고 그 판단은 역사나 후대에 맡기는 것이 정확하다고 볼 수도 있겠지만, 그러기 위해서는 현실의 생각들이 너무 다양해서 많은 혼란이 뒤따를 수도 있을 것이다. 그렇다고 정의가 불의에 억눌리거나 약자라고 강자에게 무단하게 핍박을 받는 사회가 되어서는 안 될 것이다.

우리가 살고 있는 현실이 공정하고 정의로워 누구든 부당하고 억울함을 느끼게 하는 사람이 없는 사회가 되도록 노력하여야 뒷날 역사도 바르게 평가할 것이다.

事 일 사, 섬길 사   必 반드시 필, 오로지 필
歸 돌아갈 귀, 마찰 귀   正 바를 정, 바로잡을 정

격세지감
隔世之感

—

다른 시대를 사는 것 같은 큰 변화를 느낌

세상이 아주 많이 바뀌어서 다른 세대를 만난 것처럼 예전과 크게 달라졌다고 여겨지는 느낌을 뜻하는 말이다. 아마도 세상이 크게 변화하여 세대(世代) 사이에 사고방식이나 주변 환경이 몰라 볼 정도로 바뀌었을 때 느껴지는 탄성처럼 흘러 나오는 말이라고 보아야 할 것이다.

고려 말, 조선 초의 성리학자로 고려 왕조에 대하여 절의(節義)를 지킨 '길재'가 지은 시조(時調)에는 이러한 격세지감이 잘 나타나 있다.

고려가 멸망한 뒤 길재가 고려시대의 수도인 송도(지금의 개성)를 돌아보고 '산천의 모습은 옛날 그대로인데 인걸(人傑)은 간데없고 태평성대했던 고려시대를 꿈인 것처럼 회상하며 예전에 비해 세상이 크게 바뀌고 달라졌다'는 느낌을 잘 표현하여 지금도 유명하게 전해지고 있다.

격세지감은 '세상을 거른 듯한 느낌'이라는 뜻으로 세월이 흘러 주변 환경이 큰 변화에 따라 많이 바뀌어서 딴 세상처럼 여겨지는 느낌을 가리킨다.

보릿고개를 넘기고 굶주림과 배고픔을 겪으며 어렵게 빈곤의 시대를 살아 온 노년층들은 요즘의 풍요와 물질적 부족함을 모르고 사는 세상에서 그야말로 '격세지감'을 느끼게 될 것이다.

隔 사이 격, 뜰 격   世 인간 세, 세상 세

之 갈 지, 어조사 지   感 느낄 감, 감동할 감

감언이설
甘言利說

—
상대방을 현혹시키기 위한 달콤한 말

남의 비위에 맞도록 듣기 좋게 하려고 달콤하게 꾸민 말이나 순간적으로 이로운 조건을 내세워 속이고자 함을 비유해서 표현하는 사자성어이다.

중국 당(唐)나라 현종 밑에서 벼슬을 하던 '이임보'라는 사람은 특별하게 학식이 풍부하지도 않았고 그렇다고 남달리 충성심이 깊은 사람도 아니었다. 그럼에도 불구하고 나라에서 벼슬을 하며 지낼 수 있었던 것은 그의 뛰어난 처세술 때문이었다고 한다.

그는 상대방을 '솔깃'하게하는 달콤한 말과 상대에게 이롭게 해주는 척하는 표정으로 임금인 현종의 비위를 잘 맞추었다. 때문에 현종은 그의 말에 속아 간신들을 곁에 두고 정사를 했다가 뒤늦게 그런 사실을 깨닫고 잘못을 뉘우치게 되었다는 데서 유래된 말이라고 전해온다. 그 후부터 듣기 좋은 말과 이로운 조건을 내세워 꾀는 사람은 조심해야 한다는 경향이 돌게 되었을 것이다.

실제로 대부분의 사람들이 '우선 먹기는 곶감이 달다'는 식으로 눈앞에서 듣기 좋은 말을 하며 이로운 듯한 조건을 내세우는 사람한테는 현혹되기 쉽다. 요즘 흔하게 발생되는 각종 사기사건이 그와 같은 사례의 일종이라고 볼 수 있을 것이다.

甘 달 감, 맛날 감　　　　　　言 말씀 언, 말할 언
利 날카로울 리(이), 이로울 리(이)　說 말할 설, 말씀 설

가렴주구
苛斂誅求

—

가혹하게 세금을 걷고 재물을 빼앗아 백성을 괴롭힘

백성들한테 세금을 혹독하게 거두어들이고 강제로 재물을 수탈하는 관리나 또는 그러한 정치적 상황으로 백성들의 생활이 어렵고 힘들다는 뜻을 나타내는 말이다.

원래는 중국 당(唐)나라의 '구당서(舊唐書)'에 당나라 '헌종(憲宗)'은 나라의 재정이 궁핍하자 '황보박'이라는 재상으로 하여금 백성들에게 세금을 가혹하게 거두어들이게 함으로써 백성들의 원성을 얻은 데서 나온 말이 '가렴'이다.

또 중국 '춘추좌씨전(春秋左氏傳)'에 정(鄭)나라가 크고 강한 나라들 사이에 끼어서 큰 나라에 수시로 가혹한 공물(貢

物)을 바치느라 잠시도 편할 날이 없었다는 데서 나온 말이 '주구'다. 이 두 말이 합쳐서 이루어진 합성어로 가혹한 세금과 공물을 바치느라 백성들을 도탄에 빠지게 한다는 뜻을 비유해서 사용되고 있는 사자성어이다.

근래에도 국민들의 형편을 생각하지 않고 각 분야별로 각종 명목과 이유를 들어 많은 세금을 거두어들이고자 할 때는 '가렴주구'라는 말을 쓰며 조세 저항 운동을 하는 경우를 볼 수 있다.

예나 지금이나 부담을 적게 하는 정치적 상황을 백성들은 원하고 있을 것이다.

苛 가혹할 가, 무거울 가　　斂 거둘 렴, 단속할 렴
誅 책망할 주, 벨 주　　求 구할 구, 탐낼 구

과대망상
誇大妄想

—

현실적이지 않고 턱없이 지나치게 인식하는 증상

　자기의 현재 상태를 실제보다 크게 과장하여 과대평가하고 마치 그것을 현실인 것처럼 인식하는 정신증상을 나타내는 말이다.

　자신이 다른 사람과 달리 자신만 알고 있는 특별한 능력을 가졌다거나 매우 유명인사와 특별한 관계를 가지고 있다는 식으로 생각하고 있는 현상 등을 일컫는 사자성어이다.

　사실 나는 진짜라고 믿고 행동하지만 실제로는 모두 허구에 불과한 일이라면 그처럼 허무한 일이 없을 것이다. 물론 긍정적으로 상상의 나래를 펼치는 것은 좋을지 모르나 말도 안 되는 일로 망상에 빠지게 된다면 결국에는 자신을 파멸로 이끌고 말 것이다.

누구나 자신을 믿고 그 능력을 발휘하려고 하는 행동은 긍정적이라 할 수 있다. 그렇다고 너무 터무니없는 망상에 빠진다면 능력이 없는 것보다 못할 것으로 결코 주위의 인정을 받을 수가 없을 것이다.

인간에게는 자기 자신을 높이 평가하고 싶은 본능적 욕구가 있기 마련이다. 그러한 현상은 지나친 열등감이나 자기비하로 우울해하는 것보다는 낫다.

그러나 너무 지나쳐 현실 감각을 잃어버리고 비이성적인 의사결정을 내리게 된다면 그 뒤로 따르는 실망과 좌절감을 감당하기 어려워질테니 현실과 이상 사이에서 적당한 조화를 찾도록 해야 할 것이다.

誇 자랑할 과, 거칠 과
妄 허망할 망, 망녕 망

大 큰 대, 크게할 대
想 생각할 상, 생각 상

작심삼일
作心三日

—

결심한 일이 삼일을 못 간다

결심, 즉 '마음 먹은 지 삼일(三日)을 못 간다'는 뜻으로 마음으로 단단히 굳힌 일을 끝까지 지켜내지 못하고 얼마 되지 않아 흐지부지 하게 됨을 비유해서 표현한 말이다.

중국 고전 '맹자(孟子)' 등문공(滕文公)편에 '작어기심(作於其心)'이라는 말이 있는데 "그 마음에서 일어나서"라는 뜻의 이 말에서 유래되었다고 전해진다.

작심삼일(作心三日)은 당초에는 '사흘을 두고 생각하여 비로소 결심하였다'는 긍정적인 의미였다고 한다. 그러나 오늘날까지 내려오면서 '마음을 단단히 먹었으나 사흘만 지나면 흐지부지해 진다'는 식의 부정적인 의미로 더 많이 사용되고 있는 실정이다.

'조선공사삼일(朝鮮公事三日)'이라는 말이 있다. 과거 조선 시대 정책이나 법률 같은 공무(公務)가 사흘을 못가서 바뀐다는 뜻이다.

조선 선조 임금 때 체찰사로 있던 '류성룡'이 각 지방에 보낸 공문을 고칠 사유가 있어 회수토록 했다. 그런데 역리(驛吏)는 공문을 돌리지 않고 가지고 있다가 그대로 돌려줬다. 이에 화가 난 류성룡이 사흘이 지나도록 공문을 돌리지 않은 사유를 물었다.

역리는 "조선공사삼일이라는 말이 떠돌고 있어 삼일 뒤에 다시 공문을 회수하라는 명령이 있을 것으로 예상되어 갖고 있었다"고 대답했다. 그러자 류성룡이 "가히 세상을 깨우칠 말이로다"라며 "모두 나의 잘못이다"라고 하였다는 말이 전해오고 있다.

作 지을 작, 일으킬 작   心 마음 심, 염통 심
三 석 삼, 세 번 삼   日 해 일, 날 일

배은망덕
背恩忘德

—

은혜를 잊고 오히려 배신하다

남에게서 입은 은혜와 덕을 저버린다는 뜻으로 베풀어 준 은혜에 보답하기는커녕 오히려 원수로 갚는 것을 이르는 사자성어이다.

이 말의 출전(出典)이나 특별한 유래는 전해오는 게 없다. 다만 어쩌다 부모를 잃고 고아가 된 어린아이가 어느 부잣집으로 구걸을 하러 갔다.

이를 본 주인이 그 아이를 가엽게 여겨 밥을 준 것은 물론 아예 그 집에서 머슴으로 살게 하면서 사랑채를 내어주고 결혼도 시켜주었다.

그러다 배가 부르게 되자 이 머슴이 주인에게 "지금까지 이집에서 살면서 내가 일한 품값을 주시오"라고 했다.

이 말에 주인이 기가 막혀 "배은망덕도 유분수지 여태까지 먹여주고 키워주며 농사일까지 가르쳐주었더니 이 무슨 배신이냐"고 했다는 옛날 얘기가 전해오고 있다.

물론 요즘의 사고나 가치로는 맞지 않는다고 얘기할 수도 있겠지만 어쨌든 고마움과 은혜로움은 잊지 말아야 할 것이다.

배신은 믿음을 저버리는 행위이다. 동서양을 막론하고 인륜지도(人倫之道)를 파괴하는 일로 마땅히 불신되어야 한다. 그러나 요즘 우리 주변에 크게는 국가 간의 관계에서부터 작게는 각 개인 간의 인간관계까지 많은 배신행위가 판을 치고 있다.

배은망덕한 일들이 사회를 더욱 삭막하고 각박하게 하고 있음은 매우 안타까운 일이다.

背 배반할 배, 배 　　　　恩 은혜 은, 사랑할 은
忘 잊을 망, 소홀히할 망 　德 큰 덕, 덕 덕

함흥차사
咸興差使

—

심부름 보낸 사람이 돌아오지 않고 소식도 없다

심부름 간 사람이 가서 소식이 없거나 회답(回答)이 더딜 때 또는 한 번 간 사람이 돌아오지 않고 소식도 없을 때를 비유해서 표현한 고사성어이다.

함흥은 한반도 북쪽에 있는 고을 이름이다. 조선을 세운 태조 이성계는 함흥에서 나서 자랐다. 1398년 태조(太祖)의 세자 '방석(芳碩)'이 왕자의 난(亂)으로 죽은 뒤 태조는 정치에 뜻이 없어 왕위(王位)를 정종(定宗)에게 물려주고 고향인 함흥으로 갔다.

그 후 얼마 안가서 정종이 죽고 태종(太宗) 이방원(李芳遠)이 즉위한 후 '성석린(成石璘)'으로 하여금 태조를 일단 한양으로 환궁(還宮)하게 하였으나 1402년에 태조는 다시 북동 방면으로 떠나가고 돌아오지 않으므로 차사(差使)를 보냈다. 하지만 심부름 보낸 차사도 돌아오지 않아 이때부터 갔다가 돌아오지 않는 것을 '함흥차사'라고 부르게 되었다.

한편으로 태조(太祖)가 심부름간 차사를 모두 죽인 것이라고도 하나 문헌상으로는 박순(朴淳)의 희생만이 알려져 있다. 그 후 여러 차례의 간청에도 태조는 한양으로 돌아올 생각을 하지 않다가 사부(師父)인 무학대사(無學大師)가 가서 겨우 돌아오게 했다고 전해진다. 이로 부터 함흥차사는 우리 나라의 전설이 되었다고 할 수 있을 것이다.

咸 다 함, 같을 함   興 일어날 흥, 일으킬 흥
差 보낼 차, 틀릴 차   使 사신 사, 부릴 사

자업자득
自業自得

—

자기가 저지른 일의 결과를 자기가 받음

자기가 저지른 일의 과보를 자기가 받는다는 뜻인데 그 본래의 참뜻은 훨씬 더 넓은 의미를 지니고 있다.

우리가 오감(五感)을 통해 체험하는 모든 것은 스스로 의식을 하든 의식되지 않든 관계없이 한 순간도 놓치지 않고 우리 몸속에 그대로 합성 저장된다. 이렇게 저장된 것들이 곧 관념으로 작용함으로써 매순간 모든 사물에 대응하는 느낌이나 생각 그리고 행동 등의 기본 자료로 활용되어 나타난다고 보는 한자성어이다.

결국 자신이 하는 모든 체험들이 자신의 의식이나 무의식적 관념이 되고, 그 관념이 주변 사물에 대한 시비분별과 대응 행동으로 그 사람의 운명을 결정짓는 요인으로 작용한다고 하는데 주로 불가(佛家)에서 사용하는 말이다.

중국 한무제(漢武帝)는 명군(名君)으로 찬란한 문화의 꽃을 피우는 임금 노릇을 했지만 노년기에 이르러 난폭한 폭정(暴政)을 하였다.

이에 '후경(後景)'이 반란을 일으키며 성을 포위하자 86세의 노령이 된 황제는 아무런 힘도 쓰지 못하고 유배 당하여 음식마저 공급받지 못하고 힘없이 죽는데, 이때 무제(武帝)는 죽음을 앞두고 자기 자신에게 "자업자득이로군, 이제 새삼스럽게 무슨 할 말이 있단 말인가"라고 한데서 유래되는 고사성어로 전해지고 있다.

自 스스로 자, 몸 자   業 일 업, 이미 업
得 얻을 득, 이득 득

견물생심
見物生心

—

좋은 물건을 보면 갖고 싶은 마음이 생긴다

누구나 좋은 갖고싶은 물건을 보면 마음이 발동한다. 즉 무엇인가를 보면 그것을 내 것으로 만들고 싶은 마음(욕심)이 생기기 마련이라는 뜻의 사자성어이다.

물론 좋은 의미로서의 갖고 싶다고 느끼는 것, 즉 소유욕이라는 것은 누구나 가질 수 있는 감정의 하나이므로 크게 거부감을 느낄 필요는 없다. 그러나 이 사자성어가 말하고자 하는 것은 '욕망에 대한 절제가 중요하다'는 경제학적 의미를 전하고자 하는 것이지 욕망 그 자체가 잘못된 현상이라는 뜻은 아닐 것이다.

좋은 물건을 보고 갖고 싶은 욕심이 생기는 것은 인지상정이라 나무랄 수 없다.

하지만 사람은 욕심과 동시에 이성(理性)도 가지고 있다. 아무리 갖고 싶은 욕심이 생기더라도 자신의 물건이 아니거나 자기의 분수를 넘어서는 물건이면 더 이상 탐내지 말고 절제하는 마음도 가져야 할 것이다.

일부 지나친 욕심쟁이와 같이 자신만 생각하고 다른 사람의 희생을 아무렇지 않게 받아드리는 이기적인 자세는 결코 바람직하지 못하다고 보아야할 것이다.

욕심을 갖고 남의 것을 무리하게 탐하기 보다는 그 욕심을 채우기 위한 노력이 있어야 한다는 것을 먼저 알고 실천하는 절제와 노력 그리고 욕심이 조화를 이룰 수 있다면 가장 좋은 결과가 뒤따르지 않겠는가 생각된다.

見 볼 견, 보일 견   物 물건 물, 재물 물
生 날 생, 살 생   心 마음 심, 가슴 심

고량진미
膏粱珍味

살찐 고기와 좋은 곡식으로 만든 맛있는 음식

기름진 고기와 좋은 곡식으로 만든 맛있는 음식을 일컫는 말로 '기름지고 좋은 곡식의 진귀한 맛'을 뜻하는 사자성어이다.

중국 고전인 시경(詩經) 대아(大雅)편에 "이미 술에 취하고 덕으로 충족했다"는 구절이 있다. 그 뜻은 '민의가 충만하므로 더 이상 남의 고량진미를 원하지 않았고 명성이 가득하기 때문에 남의 좋은 옷을 원하지 않는다'는 뜻으로 해석된다.

우리나라 '춘향전'에는 이몽룡이 변사또 생일잔치에서 "금술잔에 담긴 좋은 술은 천명 백성의 피고 옥쟁반에 있는 좋은 안주는 만백성의 고혈(膏血)이다"라는 시구(詩句)가 등장한다. 이처럼 백성으로부터 온갖 기름과 피를 쥐어짜낸다는 부정적 의미로 사용되기도 하였음을 볼 수 있다.

실제로 일제 착취와 보릿고개 등의 빈곤한 시기를 거친 세대들에게는 그 당시에 고량진미란 그저 상상 속에서나 그려볼 수 있었든 말로 일반 백성들에게는 거부감을 느끼게 하였다.

하지만 어느 계층이나 부류들은 그 당시에도 기름지고 진귀로운 맛의 음식으로 생활하였기 때문에 그와 같은 말이 있지 않았나 생각해 본다.

요즘은 각종 물자가 풍부하고 생활이 윤택함에 따라 배곯은 줄을 모르고 사는 사람들이 대부분임으로 별로 실감을 느낄 수 없는 옛말이 되었다고 생각된다.

膏 기름질 고, 기름 고
珍 보배 진, 맛있는 음식 진

粱 기장 량, 조 량
味 맛 미, 맛볼 미

금과옥조
金科玉條

—

귀한 보물처럼 여기고 꼭 지켜야 할 법칙

금이나 옥처럼 귀중히 여기고 꼭 지켜야 하는 법칙이나 규정을 말하는 것으로 '과(科)'와 '조(條)'는 국가의 법률을, '금(金)'과 '옥(玉)'은 귀중한 법이나 글을 뜻하는 바, 소중하게 여기어 지키고 간직해야 하는 법규나 교훈 등을 지칭하는 말이다.

중국 한(漢)나라 때 '양웅'이라는 자가 한나라를 배신한 '왕망'에게 아첨하는 글로 바친 '극진미신(劇秦美新)'에서 유래되었다고 전해지는 고사성어이다. 이 글에서 "요순시대에 빛나다가 끊어진 풍속이 다시 이어져 아름다운 법도와 도량형 그

172

리고 귀중한 법령과 선왕의 전적들이 모두 다시 피어나니 세상을 환히 비추어 두루 미치지 않는 바가 없도다"로 요약된 내용에서 알 수 있는 것 과 같이 금과옥조는 한나라의 정권을 찬탈한 왕망을 찬미하는 글로써 긍정적인 의미보다는 약간 비꼬는 의미로도 쓰여지고 있다고 전해진다.

가령 오래된 낡은 관습이나 법도를 고집하는 사람들에게 "금과옥조처럼 낡은 것을 고수하려고 한다"는 식으로 말할 수도 있다고 보는 것이다.

세상이 변하고 사람들의 생각이 변하면 그에 따라 모든 규범도 변하기 마련이므로 언제나 한결같이 금이나 옥처럼 떠받들어야 하는 법률이나 규칙 또한 존재할 수 없을 것이니 말이다.

법구폐생(法久弊生)이라는 말이 있는데 오래된 법은 폐단이 생길수 있다는 말로 세상은 변하고 갈수록 새롭게 발전해 나간다는 사실을 잊지 말아야 할 것이다.

金 쇠 금, 금 금   科 과정 과, 조목 과
玉 구슬 옥, 사랑할 옥   條 곁가지 조, 법규 조

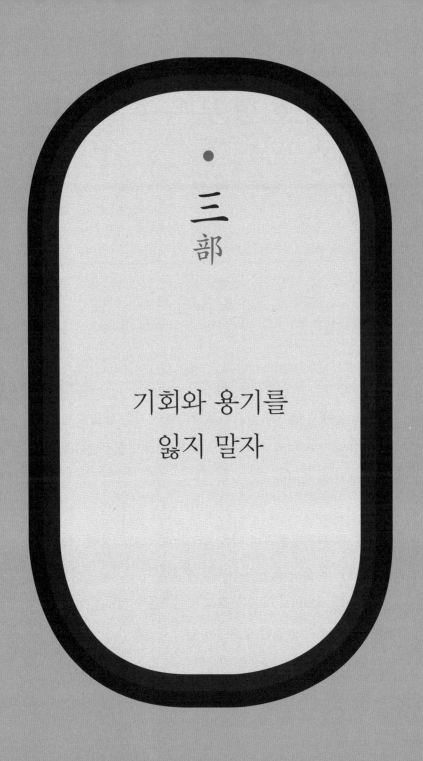

三
部

기회와 용기를
잃지 말자

불입호혈부득호자
不入虎穴不得虎子

—

호랑이를 잡으려면 호랑이 굴에 들어가라

호랑이 굴에 들어가지 않고는 호랑이의 새끼를 잡을 수 없다. 큰 일을 하기 위해서는 그에 따르는 모험도 불사해야 함을 비유해서 한 말이다.

사람은 누구나 새롭고 큰 일을 도모할 때 그에 상응한 위험이나 실패할 수 있는 확률이 따르기 마련이다. 그것을 극복하고 정진하는 기백이나 용기를 갖고 어려움을 이겨내야 한다. 그렇지 않고 무사 안일한 상태에서 쉽게 목적했던 일이 이뤄지기만을 바라면 결코 성공을 기대할 수가 없을 것이다.

"호랑이 굴에 들어가지 않고 어찌 호랑이 새끼를 잡을 수 있겠는가."

옛날 중국 한나라 때부터 전해오는 고사성어로 청운의 꿈을 꾸는 젊은이들은 마음 속 깊이 담아둘 말이다.

큰일을 이루려면 작은 노력을 들여서 이루기는 어렵다. 홍시가 떨어지는 감나무 아래 누어서 입만 벌리고 있다고 감이 입에 들어오지는 않는다. 큰 성취를 맛보려면 모험을 두려워해서는 안된다.

윤봉길 의사는 생명이 위험한 적의 심장부에서 폭탄을 던졌듯이 위기를 역으로 이용하여 큰 일을 성공적으로 수행하였다.

눈 앞의 어려움에 쉽게 좌절하는 나약한 사람이 되지 말라는 뜻이 담겨있는 말이라고 볼 수 있을 것이다.

不 아니불, 아닌가 부
虎 범 호, 호랑이 호
得 얻을 득, 탐할 득

入 들 입, 들어갈 입
穴 움 혈, 구덩이 혈
子 아들 자, 새끼 자

교각살우
矯角殺牛

소의 뿔을 바로 잡으려다 소를 잡는다

어떤 결점이나 흠을 고치려다가 그 방법이 지나쳐 일 자체를 그르치게 되는 경우에 비유되는 고사성어이다.

대부분의 소는 처음부터 뿔이 구부러져 있어 그 자체가 일상적인 일인데 무리하게 그것을 바로 잡으려 한다면 오히려 예상치 못한 다른 문제가 발생 할 수 있음을 비유해서 말 한 것이다.

세상 일에는 모두가 좋은 점만 있을 수 없듯이 또한 모두가 나쁜 점만 있는 것이 아니다.

모든 일에는 장점과 단점이 함께 하기 마련이라 보는 사람에 따라 좋은 일이 될 수도 있고 나쁜 일이 될 수도 있다. 따라서 그 나쁜 일을 좋은 일로 전환해 이용하는 것은 인간의 지혜와 용기다.

옛날 중국에서 제사에 사용할 소의 뿔이 조금 삐뚤어져 있어 반듯하게 바로 잡으려다 뿔이 송두리째 빠져 소 자체가 죽었다는 데서 유래 됐다고 전해진다.

우리가 일상생활을 하는 데는 어두운 밤과 밝은 낮이 늘 함께 공존하는 것과 같다.

누구에게나 있기 마련인 장점과 단점을 조화롭게 활용할 수 있는 슬기를 앞세우고 작은 단점이라도 무조건 바로잡으려다가 오히려 더 나쁜 일을 초래하는 우를 범하지 않도록 교훈이 되는 말이다.

矯 바로 잡을 교, 속일 교   角 뿔 각, 뿔 쥘 각

殺 죽일 살, 지울 살   牛 소 우, 별 이름 우

사면초가
四面楚歌

—

사방이 막혀 도움이나 구원을 받을 수 없는 상태

사방이 모두 적에게 포위되었거나 고립되어 형편이 매우
어렵게 되었을 때를 일컫는 말이다.

'초한지'로 유명한 중국 한나라의 유방과 초나라의 항우가
싸울 때 얘기다.

한나라 장수 장량은 군사들을 시켜 초패왕 항우가 주둔하
고 있는 군영을 향해 초나라 노래를 부르도록 한다.

전쟁에 지쳐있는 초나라 군사들은 고향 노랫소리를 듣고
가족들 생각에 사무치게 된다. 그러다 가족에 대한 그리움을

참지 못한 초나라 군사들이 모두 고향으로 도망치게 되니 초패왕은 어쩔 수 없이 고립되어 패전의 쓴 맛을 보게 되었다.

이때 초패왕 항우는 유방의 한나라 군대에 둘러싸여 누구의 도움도 받을 수 없는 고립된 상태에 빠지게 되었는바 여기에서 유래된 고사성어이다.

우리가 살아가는 복잡한 사회생활도 마찬가지다. 지금 당장 편안하게 지낸다고 위태로울 때를 준비하지 않거나 안일함에 방심한다면 언제인가는 빠져나가기 어려울 정도의 위기에 봉착할 수도 있음을 경고 해주는 말이다.

四 넉 사, 사방 사

楚 가시나무 초, 초나라 초

面 낮 면, 만날 면

歌 노래 가, 노래할 가

와신상담
臥薪嘗膽

—

목표를 잊지 않으려 고통을 참으며
각오를 새롭게 다진다

'거칠은 섶에 누워 쓰디쓴 맛의 쓸개를 씹는다'는 말이다.
원수를 갚기 위해 분발하거나 큰 뜻을 마음먹고 일을 이루기
위해서 괴롭고 어려움을 참고 견디며 온갖 노력을 다하는 것
을 비유해서 일컫는 말이다.

중국 춘추시대 오(吳)나라와 월(越)나라는 대대적으로 전
해오는 원수 사이로 싸움이 그칠 날이 없었다.

두 나라가 전쟁 중에 월나라 왕 '구천'이 오나라에 잡혀가
서 오나라 왕 '부차'의 신하가 되었다.

구천은 온갖 수모와 조롱을 참아가며 부차에게 충성을 다하는 것처럼 양순하게 보였고 결국에는 풀려 나와 월나라로 돌아왔다.

이후 오나라 왕 부차로부터 수모를 받으며 지냈던 시절을 잊지 않고 그 원수를 갚기 위해 구천은 왕으로써의 부귀와 영화를 마다하고, 부차와 오나라에 대한 복수의 의지가 약해지는 것을 경계하기 위해 거칠은 땔나무 위에 누워서자고 쓰디쓴 쓸개를 씹어가며 온갖 스스로 고통을 감내하면서 복수심을 불태웠다는 구천의 이야기에서 전해지는 고사성어다.

臥 누울 와, 누일 와   薪 땔나무 신, 나무할 신
嘗 맞볼 상, 시험할 상   膽 쓸개 담, 씻을 담

우후죽순
雨後竹筍

—

비 온 후 대나무 순 솟아오르듯 함

비가 온 뒤에 새순이 많이 솟아나는 대나무처럼 어떤 일이 일시에 많이 일어나는 현상을 비유하는 말이다.

죽순(竹筍)이란 대나무 땅속줄기에서 솟아나는 연한 순을 한다. 대나무는 뿌리 번식력이 왕성해서 봄철에 비가 오고 나면 새순이 순식간에 널리 퍼져서 솟아오르는 성질을 갖고 있기 때문에 이런 표현이 생겼다고 본다.

죽순은 음식재료로도 많이 사용되는데 대나무가 많은 중국의 일부지방에서는 비가 온 뒤에는 죽순이 너무 흔해져서 대접을 받지 못한다는 일화도 전해진다.

우리나라에서도 어떤 일이 일시에 많이 생겨날 때 '우후죽순'에 비유해서 말하는 경우가 더러 있는데 대체로 부정적인 의미로 쓰이게 되는 때가 많다.

흔한 예로 선거법이나 정당에 관련된 법이 발표되면 기다렸다는 듯이 갑자기 많은 정당이 생기거나 어떤 종류의 장사가 잘된다고 하면 그와 관련된 상점이 갑자기 여기저기서 늘어나는 경우에 보통 '우후죽순'이라는 말을 비유해서 쓰는 것을 자주 볼 수 있다.

대나무를 비유하는 말로 '우후죽순'은 처음 시작하는 현상을 강조하는 말이라면 '파죽지세(破竹之勢)'는 진행과정에서 세력이 왕성해지는 것을 강조하는 뜻을 갖고 있음을 알 수 있다.

雨 비 우, 비올 우	後 뒤 후, 뒤질 후
竹 대 죽, 대쪽 죽	筍 가마 순, 댓순 순

남가일몽
南柯一夢

—

어느 날의 꿈과 같은 부귀영화

한갓 꿈처럼 헛된 한 때의 부귀영화를 비유해서 하는 말로 남가지몽(南柯之夢)이라고도 한다. 중국 당(唐)나라 때 '이공좌'라는 사람이 쓴 '남가기'라는 글에서 '순우분'이라는 사람의 꿈 이야기다.

순우분은 어느 날 꿈을 꾼다. 어느 나라에 들어가 그 나라의 공주와 결혼을 하고 남가태수(南柯太守)가 되어 부귀영화를 누리는 꿈이다. 그러다 전쟁이 일어나 싸우러 갔다가 전쟁에 패하고 그의 부인인 공주도 세상을 떠나게 되니 국왕의 시기와 의심을 받아 결국은 조정에서 축출될 때쯤 꿈에서 깨게 된다. 꿈을 깨고 보니 그가 갔던 나라는 바로 뜰 앞 홰나무 아래에 있는 개미굴이라는 사실을 알게 된다.

이로부터 '남가일몽'은 한바탕 헛된 꿈 또는 한낮 부질없는 즐거움에 비유하는 말로 쓰이고 있다고 전래된다.

사람이 한평생을 살다보면 누구나 어떤 희망이나 꿈을 갖게 된다. 하지만 그 꿈이 현실로 이어지기란 극히 드물고 또 매우 힘든 일이기도 하다.

특히 젊었을 때 가졌던 '청운의 꿈'이 세월이 지나고 보면 이룰 수 없었던 한낮 헛된 꿈이 되고 마는 경우가 많다. 그래서 '남가일몽'이라는 말이 고사성어가 되어 전해 내려오고 있는가 보다.

그렇다고 꿈마저 없는 세상은 더 삭막한 삶이 되지 않을까. '꿈이 바로 희망'이 될 것이니 꿈이라도 가져야 할 것이다.

南 남녘 남, 남쪽으로 갈 남   柯 나무이름 가, 줄기 가
— 한 일, 어느 일   夢 꿈 몽, 꿈꿀 몽

약육강식
弱肉强食

약한 자는 강한 자에게 지배된다

강한 자가 약한 자를 희생시켜서 번성하거나 또는 약한 자는 강한 자에게 먹이가 된다는 말로 생존경쟁의 살벌함을 뜻하기도 한다.

약육강식은 오직 힘의 논리로만 지배되는 경우에 사용되는 말로 동물의 사회나 옛날 전투 등에서 통용되고 정의와 이성 그리고 법과 상식이 통하는 사회에서는 적용할 수 없는 논리다. 하지만 태초부터 지구가 존재하고 있는 동안 자연생태계 유지에 변함없이 적용되어 온 개념이기도 하다.

강자라고 약자를 마구잡이로 대하면 약자는 생존을 위해 뭉치게 된다. 그렇게 되면 강자와 약자의 위치가 바뀌게 될 수 있는 현상도 나타날 수 있는 일이다.

　새들이 머리를 숙여 모이를 쪼다가 다시 머리를 들고 사방을 둘러보는 것이나 짐승들이 깊숙이 숨어 살며 가끔씩 나오는 것은 자기들 보다 강한 다른 짐승의 공격을 피하기 위해서다. 그럼에도 불구하고 강한자의 먹이가 되는 것은 그 자체가 약하기 때문이므로 보통 '먹이사슬'로 통하기 마련이다.
　어쨌든 오늘날과 같이 생존경쟁이 심한 사회에서 건전하게 살아남기 위해서는 강한 힘을 가져야하고 그러기 위해서는 더 많은 노력과 수련이 뒷받침되어야 할 것이다.

弱 약할 약, 어릴 약　　　肉 살 육, 고기 육
强 강할 강, 힘쓸 강　　　食 먹을 식, 먹이 식

유비무환
有備無患

평소에 위기가 있을 때를 대비하여 준비한다

어려울 때를 생각해서 미리 준비를 해두면 무슨 일이 생겨도 근심할 것이 없게 된다는 뜻으로 군사 등에서 많이 쓰는 말이다.

1960~70년대에는 군부대의 내무반이나 막사는 물론 일반 관공서의 사무실에도 '유비무환(有備無患)'이라는 표어가 흔하게 붙어 있었다. 따라서 유비무환이라는 마음을 새롭게 하는 분위기를 자주 접하고 느낄 수 있었다.

실제로 우리가 살아가는 데는 수시로 예상치 않았던 난관이나 사고 등을 접한다. 그럴 때 마다 당황하며 많은 어려움을 겪게 된다. 평소에 사고나 질병 등에 대비해서 심신을 연마하고 제반 준비를 했다면 큰 어려움을 느끼지 않고 무난하게 고난을 극복할 수도 있을 것이다.

비슷한 말로 '거안위사(居安危思)'라는 말이 있다. 편안하게 지낼 때 위태로운 일을 생각하여야 한다는 사자성어로 우리가 살아가는데 늘 마음에 지니고 지내야 할 말이다.

세상일이 워낙 복잡하고 일상생활이 다양해서 어느 누구도 아무 사고나 어려움 없이 늘 편안하게만 산다고 장담할 수 없는 세상이다. 우리 모두 유비무환으로 앞날을 대비하여야 할 것이다.

有 있을 유, 가질 유
無 없을 무, 아닐 무
備 갖출 비, 갖추어질 비
患 근심할 환, 재앙 환

반골
反骨

—

반대하거나 저항하는 기질

　'뼈가 거꾸로 솟아 있다'는 뜻으로 권세나 권위 또는 부정에 타협하지 않고 비판하거나 저항하려는 남다른 기풍과 성격을 갖고 있는 사람을 이르는 말이다.

　우리 주변에는 국가나 사회에서 일어나는 일뿐만 아니라 개인 간의 사사로운 일까지 꼭 비판하거나 반대하고 저항하는 사람을 볼 수 있다.

　물론 정당한 비판이나 잘 잘못을 가리고 자기 의견을 제시하는 일은 매우 바람직하고 민주사회에서 반드시 필요한 일이다. 하지만 무조건적 비판이나 반대 또는 저항은 건전한 사회 발전에 도움이 되지 못하는 일이다.

그런데 어떤 사람은 아예 타고난 기질이 그러한 것처럼 매사에 이의를 제기하며 반대를 일삼거나 다른 사람이 이루어 놓은 결과를 인정하지 않고 소위 삐딱하게 나가려는 경우도 있다.

이런 사람들의 행위를 자세히 보면 거의 습관적이어서 그러다 보니 사회적으로나 조직 사회 등에서 오히려 따돌림을 받게 되는 등 공동생활 적응에 어려움을 느끼게 되는 경우도 있음을 볼 수 있다.

협조할 일은 협조하고 시시비비를 가려가며 비판하거나 대안을 제시하는 자세가 이 사회를 발전되게 하는 기본이라 하겠다.

反 돌이킬 반, 뒤집을 반   骨 뼈 골, 뼈대 골

쾌도난마
快刀亂麻

—

꼬이고 얽혀진 문제를 빠르고 시원하게 해결함

어지럽게 뒤얽힌 삼(麻) 가닥을 잘 드는 칼로 자른다는 뜻으로 복잡하게 얽힌 사연이나 비꼬인 문제들을 빠르고 깔끔하게 처리함을 비유해서 이르는 말이다.

원래 삼 밭을 보면 각각 자라는 여러 포기의 삼들이 넘어지기도 하고 이러저리 얽히어 복잡하고 답답하게 느껴진다. 이럴 때 잘 드는 낫이나 칼로 보기 좋게 잘라내면 얼마나 시원하겠는가.

우리가 복잡한 세상을 살아가려면 여러가지 문제들이 얽히

194

고 꼬이는 일들에 직면하는 경우가 종종 있다. 그럴 때 선견지명이 있는 어진 사람이나 힘 깨나 쓰는 사람들의 조언을 받아 실타래 꼬이듯 비비꼬인 일들을 시원하게 해결할 때 "쾌도난마와 같이 일처리 했다"고 할 수 있을 것이다.

개인은 물론 사회적으로나 특히 정치인들의 당리당략에 의해 꼬이고 풀리지 않는 여러가지 일들로 침체되고 사회가 혼란에 빠질 때가 있다.

이때 누군가의 묘한 수로 얽히고 막힌 문제들이 시원하게 풀려나간다면 얼마나 바람직하고 좋은 일이겠나.

답답하고 우울한 마음에 긍정적으로 시원한 의미를 갖게 해주는 사자성어이다

快 쾌할 쾌, 빠를 쾌   刀 칼 도, 거루 도
亂 어리저울 란, 어지럽힐 란(난)   麻 삼 마, 참깨 마

일전쌍조
一箭雙鵰

—

한 번에 두 가지 이익을 얻는다

'화살 한 대로 솔개 두 마리를 떨어뜨린다'는 말로 어떤 일을 할 때 한 번의 조치로 두 가지 수확을 얻음을 뜻한다.

고대 중국 수(隋)나라는 건국 이후 많은 위험을 안고 있어 '수문제'가 권력을 굳히기 위해 바쁜 시간을 보내고 있었다. 더욱이 '돌궐'이 쳐들어온다는 소문이 있어 더욱 위급함을 느끼게 되었다.
이러한 때 마침 '장손성(長孫成)'이라는 활을 잘 쏘는 사람이 있어 난(亂)을 평정하는데 많은 기여를 했다고 한다.

장손성은 어느 날 말을 타고 달리며 날아가는 솔개를 향해 활 시위를 팽팽하게 당겼다 놓았다. 그러자 솔개 두 마리가 노끈에 매이기라도 한 듯 날개를 푸드득거리더니 땅에 떨어졌다.

　이를 보고 주위 사람들이 환호를 지르며 주워보니 화살 하나에 솔개 두 마리가 꿰어져 있었다는 데서 유래된 고사성어이다.

　일석이조(一石二鳥)나 일거양득(一擧兩得)과 일맥상통하기도 하는 말이다.

　'세상 모든 일이 하는 일마다 이렇게만 된다면 얼마나 좋을까'하는 생각을 해 본다.

一 한 일, 하나로 할 일　　箭 화살 전, 약이름 전
雙 쌍 쌍, 견줄 쌍　　鵰 수리 조, 새길 조

읍참마속
泣斬馬謖

—

원칙과 공정을 위해 아끼는 사람을 벌한다

중국 촉(蜀)나라 '제갈량'이 군령을 어겨 싸움에서 패한 그의 아끼는 부하 '마속'을 어쩔 수 없이 울면서 목을 베고 기강을 바로 세운데서 나온 말이다. 이는 사사로운 감정을 앞세우지 않고 큰 목적을 위하여는 자기가 아끼는 사람이라도 법을 엄정하게 적용하며 잘못한 일에는 누구나 공정하게 처벌함으로써 기강이 바로 세워짐을 비유하는 말로 쓰인다.

오늘날 사회에서는 자기가 하는 일에는 너그럽게 평가하고 다른 사람의 잘못한 일에는 냉혹하게 비판함으로써 소위 '고

무줄 잣대'라고 비난 받는 일들을 흔히 볼 수 있다.

읍참마속은 특히 여러 사람에게 영향을 끼치는 공공의 업무를 담당하는 사람들로는 본받을 바가 크다고 여겨지는 고사성어이다.

요즘 '내가 하면 로맨스고 남이 하면 불륜'이라는 말이 흔하게 나돈다. 내가 한 일은 비록 잘못 되었더라도 각종 이유를 내세워 합리화 시키려하고 다른 사람의 잘못한 일에 대하여는 엄하게 법의 잣대를 내세우려 하는데서 나온 세속어이다.

읍참마속과 견주어 생각해 볼 수 있는 여유를 갖는 사회가 되도록 모두가 노력해야 할 것이다.

泣 울 읍, 눈물 읍   斬 벨 참, 끊어질 참
馬 말 마, 산가지 마   謖 일어날 속, 여밀 속

호연지기
浩然之氣

—

사람의 마음에 차 있는 넓고 크고 올바른 기운

'하늘과 땅 사이를 가득 채울 만큼 넓고도 큰 원기(元氣)' 또는 '도의에 뿌리를 두고 공명정대하여 조금도 부끄러울 바가 없는 도덕적 용기'를 뜻하는 고사성어이다.

중국 고전 맹자(孟子) 공손추(公孫丑)편에 다음과 같은 내용이 나온다.

"어느날 공손추가 어떻게 하면 마음이 동요되지 않을 수 있습니까"하고 물으니 맹자께서 "한마디로 말하면 용(勇)인데 마음 속에 부끄러움이 없으면 두려울 것이 없고 그것이 마음의 동요됨을 막는 최상의 방법이며 게다가 나는 호연지기를 기르고 있다"고 답했다.

공손추가 "그렇다면 호연지기는 무엇입니까"하고 다시 물었다.

이에 "쉽게 말하면 평온하고 너그러운 화기(和氣)라고 할까. 어쨌든 그것은 하늘과 땅 사이에 넘치는 크고 강하고 곧은 것이며 더 키우면 광대 무변한 천지를 꽉 채우는 원기(元氣)가 된다. 그러나 이러한 기(氣)는 도의(道義)와 합쳐야지 만약 도의가 없으면 쓰러지고 마는 거야. 이 기(氣)가 사람에게 깃들어 행위가 도의와 부합됨으로써 부끄러울게 없으며 누구한테도 꿀리지 않는 도덕적 용기가 생기게 되는 바 이것이 바로 호연지기라고 할 수 있겠지." 이렇게 맹자가 말 한데서 유래된 고사성어이다.

여기에서 나오는 기(氣)는 의(義)와 도(道)를 따라 길러지며 이것을 잃으면 시들고 말 것이니 자신 속에 올바른 것을 쌓아올림으로써 생겨진다고 보아야 할 것이다.

浩 클 호, 넓을 호   然 그러할 연, 그럴 연
之 갈 지, 어조사 지   氣 기운 기, 기질 기

백척간두
百尺竿頭

—
무척 험난하고 위태롭다

'백척(百尺)이나 되는 높은 장대 위에 올라섰다'는 뜻으로 더할 수 없이 어렵고 위태로운 지경임을 이르는 말이다.

원래 '백척간두진일보(百尺竿頭進一步)'에서 떼어낸 말인데 불가(佛家)에서 주로 사용되고 있다.

"백척이나 되는 장대 끝에 서있는 것과 같이 수행과 깨달음이 정점에 이르러 물러날 수도 더 올라갈 수도 없는 경지가 되었으나 그래도 더욱 정진(精進)을 해서 한 걸음 더 나가야 소위 삼진(三眞)을 얻을 수 있다"는 뜻에서 온 말이다.

하지만 지금은 도저히 벗어나려 해도 벗어날 수 없는 절체

절명의 위기 상황 또는 진퇴양난의 어려운 처지를 비유해서 표현되고 있다.

조선시대 인삼(人蔘) 무역을 하던 '임상옥'이란 사람이 있었다. 그가 중국 상인들의 인삼불매운동으로 곤경에 처해 있었는데 어느 날 추사 김정희 선생께서 써주신 '백척간두진일보'란 글에서 용기와 깨달음을 얻는다.

그리고 조선에서 가져온 인삼을 모두 불에 태우기 시작하자 이를 본 중국 상인들이 깜짝 놀라서 불을 꺼 달라고 사정했고 이후 인삼을 원하는 가격에 팔 수 있었다는 일화가 있다.

이와 같이 막다른 골목에서 두려움을 무릅쓰고 절망하거나 용기를 잃지 않고 목숨을 걸고자 할 때 비로소 살길이 열린다는 교훈적 의미의 원인이 되어주는 말이 바로 '백척간두'이다.

百 일백 백, 힘쓸 백   尺 자 척, 길이 척
竿 낚싯대 간, 장대 간   頭 머리 두, 꼭대기 두

우유부단
優柔不斷

머뭇거리며 망설이기만 하고 결단력이 없음

어떤 결단을 내려야할 때 망설이기만 하고 확실한 결단을 내리지 못함을 뜻하는 말이다. 결단을 내려야 할 시기에 고민만하고 분명하게 결정하는 일을 습관적으로 미루거나 다른 사람의 명령이나 의견에 따르는 수동적 태도를 보이는 사람을 흔히 볼 수 있다.

이같은 태도는 개인의 성격적인 면으로 생각할 수 있다. 그러나 오랫동안 주변 환경에 의한 피동적 생활이 원인일 수도 있을 것이다.

특히 우유부단한 성격은 사회생활을 하는데 다른 사람들을 매우 피곤하게 하는 소극적 자세임에는 틀림없다.

요즘에는 많이 개선되고 있지만 우리나라 사람들은 결정하는 일을 상대방에 양보하거나 자신의 분명한 선택을 표현하지 않는 것을 일종의 미덕으로 여기기도 했다.

일례로 음식점 같은데서 "무엇을 먹을 것이냐"고 물어보면 그저 "아무거나"라고 답변하는 경우를 흔히 볼 수 있다. 이같은 일은 수많은 정보 속에서 자신이 선택해야할 내용을 스스로 찾지 못한다는 일종의 무능함을 상대에게 노출시키는 일이다.

그렇다고 소수의 정보나 얕은 지식만을 바탕으로 신속하게 결정하기 위해 성급하게 결론을 내린다는 것은 신중하지 못한 자세인 바 이러한 방식 또한 지양해야 할 것이다.

살아가면서 수없이 접촉되는 문제들에 대하여 신속하고 명쾌하게 분별해서 결단하는 일은 평소에 되도록 많은 지식과 정보를 습득하고 분별하는 생활 자세가 뒷받침 되도록하는 노력이 있어야 할 것이다.

優 넉넉할 우, 구차할 우   柔 부드러울 유, 복종할 유
不 아닐 부, 아니할 불   斷 끊을 단, 끊어질 단

205

속수무책
束手無策

두손이 묶였듯이 어찌할 방책이 없음

'속수'는 '손이 묶였다는 말'이고 '무책'은 아무런 대책이 없다는 말이다. 즉 '손이 묶인 사람'처럼 어찌할 바를 모르고 꼼짝 못함을 나타내는 말이다.

그러니까 두 눈으로 뻔히 쳐다보면서도 어찌할 도리가 없어서 발만 동동 구르는 처지를 비유하는 사자성어이다.

교훈적인 경구나 잠언, 속담과 같이 예로부터 관용적으로 사용되어 온 말로 특별한 유래가 있지는 않은 것으로 알려지고 있다.

다만 '속수(束手)'의 경우 중국 역사서인 '사기(史記)' 춘신군열전(春申君列傳)에 '아비와 아들 늙은이와 어린애가 목줄을 하고 손이 묶여(束手) 포로가 된 자들이 도로에 잇따르고…'라는 구절에 있다.

또 '무책(無策)'은 '한서(漢書)' 흉노전(匈奴傳)에서 '진시황(秦始皇)이 민심(民心)을 가벼이 여기고 온 힘을 기울여 장성(長城)을 쌓아 나라의 국력을 고갈시키고 사직(社稷)을 잃게 했으니 이는 하책(下策)도 못되고 무책(無策)이다'라고 표현한 사실이 있다.

이 두말을 묶어 '속수무책'이 되지 않았나 생각된다.

어쨌든 어떠한 문제가 발생했는데 이를 해결할 대책이 막연해 안타까워하는 마음의 표현임에는 틀림없다고 본다.

束 묶을 속, 맬 속	手 손 수, 쥘 수
無 없을 무, 아닐 무	策 채찍 책, 꾀 책

전화위복
轉禍爲福

—

불행이 바뀌어 오히려 행복으로 됨

재앙이 바뀌어 오히려 복이 된다는 뜻으로 좋지 않은 일이라도 노력하면 행복한 일로 바꿀 수 있는 계기가 됨을 이르는 말이다.

세상을 살다보면 각종 재앙이 따르는 때가 있기 마련이다. 그렇다고 포기하고 주저앉기 보다는 처해진 상황에서 최선을 다하여 좋지 않은 일에서 벗어나려고 노력해야 한다. 그러다보면 당초보다 더 나은 방향으로 일이 잘 풀릴 수도 있으니 실망하거나 용기를 잃지 말아야 할 것이다.

이 말은 중국 고대 역사서 '사기(史記)'의 관안열전(管晏列傳)에 "그가 정치를 할 때는 재앙이 될 일도 잘 이용하여 복으로 만들었고 실패를 돌려 공을 세웠다. 어떤 상황에서도 그 경중을 잘 파악하여 균형을 잃지 않도록 신중하게 했다"는 말이 나오기도 한다.

또한 전국(戰國)시대 '소진(蘇秦)'이라는 사람이 제(齊)나라 선왕에게 "성인은 일을 함에 화를 복으로 돌리고 실패로 인하여 공을 이룩합니다"라고 한데서 유래되었다고 전해오고 있다.

우리는 일상생활에서 수시로 만날 수 있는 어떤 불행이나 궂은일이라도 끊임없는 노력과 강인한 의지로 최선을 다하다 보면 '불행이 행복으로 바꾸어 질 수 있다'는 희망과 슬기로움을 갖고 극복하려는 자세를 견지해야 할 것이다.

轉 바꿀 전, 구를 전   禍 재앙 화, 재난 화
爲 할 위, 만들 위   福 복 복, 복내릴 복

오비이락
烏飛梨落

―

까마귀 날자 배 떨어진다

어떤 일이 다른 일과 우연하게 같이 일어나 서로 관계가 있
는 것처럼 의심을 받거나 난처한 처지가 됨을 비유적으로 이
르는 고사성어이다.

조선 인조(仁祖)때 학자 '홍만종'이 엮은 '순오지'에 나오는
말이다.

중국 양무제 때 어느 날 법력이 높은 지지대사 앞으로 산
돼지 한 마리가 피를 흘리며 지나갔다. 곧 이어 사냥꾼이 활
을 들고 따라오면서 "산돼지를 보았느냐"고 물으니 지지대사
는 활을 버리라고 하고는 법문을 들려주었다.

"까마귀 날자 배가 떨어져 뱀의 머리에 맞아 뱀이 죽었다. 뱀은 환생하여 돼지가 되었고 까마귀는 환생하여 꿩이 되었는데 돼지가 땅을 뒤지다가 돌이 굴러 그 돌에 꿩이 맞아 죽었다. 그 꿩이 사냥꾼으로 다시 태어나 돼지를 쏘려고 하니 지금 돼지를 죽이면 더 큰 악연으로 이어질 것이다."

이렇게 말 한데서 '오비이락'이라는 말이 유래되었다고 전해진다.

누구나 살다보면 본의 아니게 오해를 사거나 난처한 경우를 당하는 때가 있다.

상대방이나 주변에서는 의심의 눈초리를 보내고 내 잘못이 아니라고 증명할 방법이나 증인이 없어 끝까지 결백을 주장하다보면 싸움이 일어나고 서로 등을 돌리기까지 하는 경우도 있게 된다.

사회생활에서 매우 민감하게 작용하는 양심에 관한 문제임을 잊지 말아야 할 것이다.

烏 까마귀 오, 검을 오	飛 날 비, 날릴 비
梨 배 이, 배나무 리(이)	落 떨어질 락, 낙엽 락

211

거두절미
去頭截尾

—

장황한 설명은 빼고 문제의 핵심만 말하다

'머리와 꼬리를 잘라버린다'는 말로 앞뒤의 군더더기가 되는 말은 생략하고 요점만 전한다는 뜻의 사자성어이다. 본질과 상관없는 일은 제외하고 핵심만 취한다는 뜻이다.

어떤 말을 하거나 일을 할 때 정작 중요한 본질이 되는 요소는 빼놓고 이것저것 변죽만 늘어 놓다보면 진짜하고 싶었던 말이나 일은 요점이 흐려지거나 아예 놓쳐버리는 일이 생길 수 있다. 또 대화나 토론을 할 때 부연적인 설명만 길게 늘어놓다보면 듣는 쪽에서는 본 내용을 듣기도 전에 미리 싫

증을 느끼게 되고 만다. 그러므로 말을 할 때 핵심이 되는 요소만 골라서 간단명료하고 정확하게 뜻을 전한다면 보다 효과적인 대화의 성과를 거둘 수 있을 것이다.

거두절미라는 말은 조금도 축내거나 버릴 것 없이 요점만 취한다는 점에서 '단도직입(單刀直入)'과 상통된다고 볼 수 있을 것이다.

이 말은 혼자서 칼을 들고 곧 바로 적진으로 들어간다는 뜻으로 글을 쓰거나 말을 할 때 겉치레 인사나 군말 같은 허사를 빼고 본 내용으로 들어간다는 말이다.

많은 사람을 만나며 생활하다보면 대화나 또는 일처리가 간결하면서도 누락되는 사항없이 깔끔하게 처리하여 뒤끝이 깨끗한 인상을 주는 사람을 종종 볼 수 있다.

去 버릴 거, 갈 거
截 자를 절, 끊을 절

頭 머리 두, 꼭대기 두
尾 꼬리 미, 끝 미

상과 벌을 공정하고 엄격하게 함

상과 벌을 공정하고 엄중하게 하는 일. 즉 공(功)이 있는 자에게는 반드시 상을 주고 죄(罪)가 있는 사람에게는 반드시 벌을 준다는 뜻의 사자성어이다.

잘하면 칭찬하고 잘못하면 꾸중하는 것은 어려서부터 있어 오는 인지상정(人之常情)으로 사회의 원활한 유지와 발전을 위해 꼭 필요한 일이다. 하지만 경우에 따라 상과 벌의 분별과 집행을 엄격하고 공정하게 하지 않아 사회의 혼란과 국가 기강 확립의 차질로 인한 각종 분쟁의 역사가 있었음을 우리는 종종 볼 수 있다.

중국 전국(戰國)시대 법가(法家)를 대표하는 위(衛)나라의 상앙(商鞅)은 신상필벌을 신봉하였던 자로 진나라 효공(孝公)에 유세(遊說)하여 마침내 등용되었는데 그는 신상필벌의 원칙에 입각한 엄격한 법을 만들었다고 한다.(상앙의 변법, 商鞅의 變法)

하지만 법이 완성되자 효공은 너무 가혹한 법이라고 머리를 설레설레 흔들자 상앙이 묘안을 짜내 기다란 장대를 시장의 남문에 세워놓고 그것을 북문으로 옮기는 자에게 10금(金)을 상으로 주겠다고 했다.

그러나 아무도 옮기는 자가 없자 다시 상금을 50금으로 올리니 웬 거지가 장난삼아 옮겼는데 상앙은 그 자리에서 50금을 주면서 백성들에게 "한다면 한다"는 확신을 보여 주며 법령을 공포하니 백성들은 모두 법을 지키려고 노력하였고 마침내 진(秦)나라는 최강국으로 부상하여 이를 바탕으로 천하를 통일할 수 있었다고 전해온다.

信 믿을 신, 믿음 신　　　　賞 칭찬할 상, 상줄 상
必 반드시 필, 오로지 필　　　罰 벌줄 벌, 벌 벌

소탐대실
小貪大失

—

작은 것을 탐내다가 큰 것을 잃는다

작은 이익에 정신이 팔려 그것을 얻으려다가 오히려 큰 것
을 잃게 되는 어리석음을 비유하는 고사성어이다.

인간의 욕심은 끝이 없어 눈앞의 이익에 눈이 멀어 큰 손해
를 당하게 되고 패가망신까지 하는 지경에 이르기도 하는데
이렇게 작은 것에 욕심을 내다 도리어 더 큰 것을 잃게 됨을
의미하는 말이다.

중국 전국(戰國) 시대 옆에 있는 촉(蜀)나라를 손에 넣고
싶은 진(秦)나라 혜왕은 촉나라 왕이 금은보화(金銀寶貨)에

욕심이 많다는 소문을 듣고 옥(玉)으로 황소를 만들어 촉나라에 선물하겠다는 소문을 퍼뜨리게 했다.

이 소문을 들은 촉나라 왕은 크게 기뻐하며 신하들의 충언(忠言)도 듣지 않고 진나라가 선물을 가져올 수 있도록 큰 길을 만들기로 하고 그 길을 만드느라 동원되는 많은 백성들의 원성도 무릅쓰고 공사를 서둘러 완성시켰다.

그러자 진나라 혜왕은 그 길을 이용해 보물을 가득 실어 촉나라에 보내면서 수 만명의 군사들까지 딸려 보내 보물을 지키도록 하였다.

보물이 도착되자 촉나라 왕이 신하들을 이끌고 도성입구까지 마중 나왔는데 갑자기 진나라 병사들이 무기를 꺼내들고 촉나라 왕을 공격했다.

아무런 방비도 없이 보물을 받을 생각만 하던 촉나라는 결국 보물에 욕심을 둔 것 때문에 나라까지 잃게 되었다는데서 유래된 고사성어로 전해지고 있다.

小 작을 소, 소인 소
大 큰 대, 거칠 대
貪 탐할 탐, 욕심 탐
失 잃을 실, 허물 실

주마간산
走馬看山

—

말을 타고 달리며 산천을 구경한다

말을 타고 달리면서 산천을 구경한다는 뜻으로 바쁘고 어수선하여 사물을 자세하고 찬찬하게 보지 않아 속내용은 알아 볼 수 없이 겉만 스쳐 지나며 마치 '수박 겉핥기' 식으로 하는 일처리를 일러 비유하는 말이다.

중국 당(唐)나라 시인 '맹교'가 지은 '등과후'라는 시에서 유래되었다고 전해오는데 '맹교'는 벼슬을 하지 않고 평생을 평범하면서도 청렴하게 지내고자 했는데 그 어머니의 뜻과 권유로 늦은 나이에 과거를 보느라 여러 번 과거에서 떨어졌다

218

가 마흔 여섯 살에야 가까스로 합격된 바 '등과후' 과거에 급
제하기 전의 보잘것없는 시절과 급제 후 달라진 세상 인심을
풍자한 시라고 한다.

"지난날 가난할 때는 자랑할 바가 없더니 오늘 아침에는
우쭐하여 생각에 끝이 없더라. 봄바람에 뜻을 얻어 빠르게 말
을 모니 오늘 하루만에 장안의 꽃을 다 보았네."

주마간산은 주마간화(走馬看花: 달리는 말에서 꽃을 본다)에
서 인용되었는데 본래의 뜻과 달리 후대로 내려오면서 세심
하게 살펴 볼 틈도 없이 대충 훑어 보고 지나친다는 약간 부
정적인 의미로 바뀌었다.

사실 일을 처리하는 방식을 보면 그 사람의 됨됨이와 성격
을 알 수 있듯이 하나를 하더라도 세심하게 살펴가며 제대
로 하여야 사람들의 신임과 환영을 받을 수 있을 것이니 바
쁘다거나 또 다른 핑계로 대충한다는 생각을 가져서는 않될
것이다.

| 走 달릴 주, 달아날 주 | 馬 말 마, 아지랑이 마 |
| 看 볼 간, 뵐 간 | 山 뫼 산, 능 산 |

일망타진
一網打盡

—

한 번 던진 그물로 물고기를 모두 잡음

.

어떤 무리를 단 한 번의 그물질로 모조리 잡는다는 뜻으로 일시에 적을 모두 제거할 때 쓰는 말이다. 특히 사회적 범죄 단체를 소탕하는데 많이 사용하며 "조직 폭력배를 일망타진 했다"거나 "마약 밀수조직을 일망타진했다"는 식으로 불의와의 대결에서 정의가 승리함을 강조하는데 비유되기도 한다.

중국 송나라 때 강직하고 청렴하기로 소문난 '두연'과 '왕공진'이라는 두 선비가 서로 대립하고 있었다.

마침 두연의 사위인 '소순흠'이 공금을 횡령하는 사건이 발생했다. 당시 어사였던 왕공진이 이 사건을 처리함에 있어 소순흠은 물론 그와 가까운 사람들까지 모두 잡아다 혹독하게 심문하고 죄를 씌워 감옥에 가두고는 "범인들을 모두 일망타진 했다"고 의기양양하게 떠들어 댔다는데서 나온 고사성어이다.

요즘에는 농촌에서 과수원을 비롯한 각종 농작물에 모여드는 여러 종류의 해충들을 잡기 위해 포충그물이나 포충기구 등을 이용하여 덤벼드는 벌레들을 짧은 시간내에 모두 잡는 것을 볼 수 있다.

이 또한 농부들의 어려움을 덜어주는 일망타진의 한 방법이라 하겠다.

一 한 일, 하나로할 일   網 그물 망, 그물질할 망
打 칠 타, 타 타   盡 다할 진, 모두 진

수수방관
袖手傍觀

해야 할 일에 함께하지 않고 바라만 본다

팔장을 끼고 곁에서 보기만 한다는 뜻이다. 관련이 있는 위치에 있으면서도 간여하지 않고 그대로 내버려 두고 나몰라라 하는 것을 이르는 한자성어이다.

옛날 옷에는 주머니가 거의 없었으므로 옷소매가 주머니의 역할을 대신 했다. 아무런 생각 없이 가만히 있을 때나 날씨가 추울 때에는 습관적으로 소매 속에 양손을 넣기도 하였다.

수수방관은 '소매에 두 손을 넣고 있다'는 뜻의 수수(袖手)와 '곁에서 바라보기만 한다'는 방관(傍觀)이라는 말이 합쳐진 사자성어로 가까운 곳에서 큰 일이 일어났으나 해결하기 위한 아무런 노력이나 협조하지 않고 '그냥 팔짱을 끼고 관심 없이 바라본다'는 뜻이다.

우리 속담에 나오는 '강 건너 불구경 하듯 한다'와 비슷한 내용으로 자기와 상관없는 일이라고 관심 없이 구경이나 하겠다는 태도를 보일 때, 즉 함께 해야할 어떤 일에 전혀 관여하지 않고 그대로 내버려 둔다는 말이다.

하지만 요즘과 같이 여러 사람이 서로 협조하고 도와가며 살아가는 상부상조(相扶相助)의 정신과는 다소 어울리지 않는 말로 부정적인 의미를 갖는다고 보아야 할 것이다.

袖 옷소매 수, 소매에 넣을 수   手 손 수, 쥘 수
傍 곁 방, 말 수 없을 방   觀 볼 관, 생각 관

기우
杞憂

—

안 해도 될 쓸데없는 걱정

'기나라 사람의 근심'이라는 말로 안 해도 될 근심이나 쓸
데없는 걱정을 이르는 고사성어이다.

중국 춘추시대 주(周)나라 '무왕(武王)'이 망한 하(夏)나라
왕실의 제사를 받들라고 하나라 왕족에게 분봉해준 현재 중
국 하남성 기현땅에 기(杞)나라가 있었다. 그 기나라에 늘 이
것저것 걱정을 많이 하는 사람이 살고 있었다.

그 사람은 늘 '하늘이 무너질까, 땅이 꺼질까, 하늘이 무너
지면 집도 무너지고 산도 무너지고 모두가 죽을 텐데 어떡하

나…' 하는 식으로 걱정을 하다. 마침내 밥도 제대로 못먹고 잠도 못자며 끙끙 앓기 시작했다.

이러한 소문을 듣고 한 친구가 찾아와서 "여보게 하늘은 절대로 무너지지 않는다네"라며 걱정 많은 친구를 쳐다보고 여유 있게 웃으면서 말했다.

그러자 걱정 많은 사람이 "그런가? 그렇다면 땅이 꺼지면 큰 일 아닌가?"라고 또 걱정을 하자 친구는 다시 또박또박 아주 정확하게 "땅은 흙으로 단단히 덮여 있어 자네가 아무리 굴러도 절대로 꺼지지 않으니 걱정 말게"라고 하니 그제서야 걱정을 놓고 밥도 잘 먹고 잠도 잘 잤다고 한다.

이후부터 사람들은 안 해도 될 걱정을 하는 사람이 있으면 '기나라 사람의 걱정'이라는 뜻으로 '기우(杞憂)'라고 불렀다고 전해지고 있다.

杞 구기자 기, 나라이름 기   憂 근심할 우, 근심 우

225

오리무중
五里霧中

—

짙은 안개로 방향을 알 수 없듯이
어떻게 해야 할지 모른다

오리(五里)에 걸친 짙은 안개 속에 있어 방향을 찾지 못하는 것처럼 어떤 일에 대하여 어떻게 해야 할지 해결할 갈피를 잡지 못하는 모습을 가리키는 고사성어이다.

중국 후한(後漢)의 순제(順帝)때 학문에 뛰어난 '장해(張楷)'라는 선비가 있었다. 그는 춘추(春秋)나 고문상서(古文尙書) 등에 통달한 학자였다.

평상 시에도 100명이 넘는 많은 문하생(門下生)을 거느리고 있을 뿐 아니라 전국 각처의 학식과 명망이 높은 선비들을 비롯한 귀족이나 고관대작(高官大爵)들까지 그를 찾아왔다.

그는 학문뿐 아니라 도술(道術)에도 능하여 안개를 오리(五里)나 퍼지도록 하는 '오리무(五里霧)'를 쉽게 만들곤 했다.

어느날 안개를 삼리(三里)까지 만들 줄 아는 사람이 오리무 만드는 법을 배우기 위해 그를 찾아왔다. 그러나 장해는 몸을 피하고 만나주지 않았고, 그 사람은 장해가 만들어 놓은 오리무 속에서 헤매기만 했다.

그 후로 사람들이 '방향을 잡지 못하고 헤매거나 망설이는 모습'을 보면 '오리무중'이라고 말한데서 유래되었다고 전해지는 말이다.

어떤 일에 대하여 확실한 발생 경위나 원인 또는 앞으로 전개될 일의 방향 등을 알 수 없이 감감하고 아무런 단서나 소식도 없을 때를 비유해서 사용하는 말이라고 알면 될 것이다.

| 五 다섯 오, 다섯 번 오 | 里 마을 리, 헤아릴 리 |
| 霧 안개 무, 안개자욱할 무 | 中 가운데 중, 마음 중 |

우왕좌왕
右往左往

─

이럴지 저럴지 갈피를 못 잡는다

올바르게 방향을 잡거나 차분한 행동을 취하지 못하고 '오른 쪽으로 갔다, 왼 쪽으로 갔다'하며 어떤 일의 나아갈 방향을 종잡지 못하고 어찌 할 바를 모르는 모양을 나타내는 말이다. 우리가 흔히 쓰는 '갈팡질팡'과 비슷한 뜻을 가진 사자성어이다.

사람이 일상 생활을 하는데 발생하는 문제의 대부분은 '선택의 문제'다.

선택을 어떻게 하느냐에 따른 결과는 일의 성패를 좌우하는 중요한 역할을 하게 된다. 따라서 선택을 할 때는 그 문제에 대한 충분한 검토와 주변 여건 등을 감안해서 분명하고 확실하면서도 신속한 결정이 이루어져야 할 것이다.

그럼에도 더러는 '이러지도 저러지도' 못하고 망설이기만 하는 경우를 보게 된다. 이러한 일은 개인적으로 우유부단한 성격을 가진 사람한테서 자주 볼 수 있다.

특히 어떤 단체나 조직을 책임지는 위치에 있는 '리더'가 그러할 때는 그 단체나 조직 자체는 물론 구성원들까지도 많은 혼란에 직면하게 되기 마련이다.

이와 같이 우왕좌왕하는 사람이 되지 않으려면 평소에 예상치 않던 일이 갑자기 발생했을 때 신속하게 대처할 수 있는 힘을 기르는 '거안위사(居安危思)'의 생활자세가 견지 되어야 할 것이다.

右 오른 우, 우편 우   往 갈 왕 , 옛 왕
左 왼편 좌, 왼쪽 좌

독불장군
獨不將軍

—

무슨 일이든 제 생각대로 혼자 처리하는 사람

한문 글자 그대로 풀이하면 '혼자서는 장군 노릇을 할 수 없다'는 뜻이다.

장수가 되려면 주위에 거느리는 졸병도 있고 충성하는 심복 부하도 있어야 된다. 따르는 부하나 거느리는 군졸도 없이는 혼자서 장군이 될 수 없으니 다른 사람과 어울리면서 살아가야 한다는 교훈적 의미를 갖고 있는 말이다.

우리가 일상생활을 하다보면 유별나게 남의 의견은 무시하고 자기 혼자서 모든 일을 처리 하려 하거나 자기만 혼자 잘

난 체하며 뽐내다가 다른 사람들의 핀잔을 듣고 민망스러워
하는 처지에 있는 사람을 볼 수 있다.

사실 혼자 생각보다는 여러 사람의 다양한 의견을 모아 그
가운데서 최선의 방안을 찾는 것이 소위 민주적이고 바람직
한 일이다. 그래서 '백지장도 맞 들면 낫다'는 속담이 생기지
않았나 생각된다.

요즘에 와서는 혼자 일을 처리하거나 홀로 버티며 고집을
부리는 사람, 또는 여러 사람의 지지를 받지 못하고 혼자 따
돌림을 받는 외톨이를 뜻하는 말로 바뀌어 쓰기도 한다.

'독불장군'이라는 말을 세 가지 요약하자면 첫째 무슨일이
든 자기 생각대로 처리하는 사람, 둘째 다른 사람에게 따돌림
을 받는 외로운 사람, 셋째 혼자서만 똑똑하고 잘난체 하는
사람이라고 할 수 있을 것이다.

獨 홀로 독, 외로울 독   不 아닐 불, 아닌가 부
將 장수 장, 거느릴 장   軍 군사 군, 진칠 군

어부지리
漁父之利

—
엉뚱한 사람이 힘들이지 않고 이익을 얻다

두 사람이 다투는 틈을 타서 엉뚱한 제 삼자가 애쓰지 않고도 이득을 가로채는 것을 비유하는 고사성어이다.

중국 전국시대(戰國時代) 조나라가 연나라를 공격하려 했다. 이때 연나라의 소양왕은 합종책(合縱策)을 주장한 소진의 동생 소대(蘇代)에게 조나라의 혜문왕한테 가서 연나라를 공격하지 않도록 설득해 달라고 요청한다.

그러자 소대는 조나라에 가서 혜문왕에게 다음과 같은 이야기를 들려줬다.

"연나라와 조나라의 국경에 있는 강을 건너다 보니 강변에서 조개가 입을 벌리고 햇볕을 쬐고 있는데 도요새가 날아와 조갯살을 쪼았습니다. 이에 놀란 조개는 입을 닫아 도요새의 부리를 물고 놓아주지 않으니 도요새가 이 상태로 계속 비가 오지 않으면 너는 말라 죽을 것이라고 하자, 조개는 내가 너를 놓아주지 않으면 너도 말라 죽을 것이라고 하며 서로 싸우고 있는데 마침 그 곳을 지나가던 어부가 그 틈을 타 손쉽게 도요새와 조개를 한꺼번에 잡아 버렸습니다."

혜문왕은 이같은 소대의 말에 공감하면서 연나라와 조나라가 싸우다 둘 모두 힘이 빠져 버린다면 두 나라에 인접해있는 제 삼국인 진나라가 쉽게 두 나라를 먹어 치울 것이라 생각하고 연나라를 공격한다는 생각을 거두게 되었다. 여기에서 어부지리라는 말이 유래되었다고 전해온다.

요즘도 국가적으로나 개인적으로 서로 다투고 대립하는 동안 우연하게 제삼자가 이득을 보는 경우를 종종 볼 수 있다.

漁 고기잡을 어, 낚을 어

之 갈 지, 어조사 지

父 아비 부, 남자 부

利 날카로울 리, 이로울 리

경거망동
輕擧妄動

—

경솔하고 조심성 없는 행동

경솔하고 망령되게 행동한다는 뜻으로 도리(道理)나 사정을 생각하지 않고 가볍게 행동함을 말하는 고사성어이다.

중국 법가(法家)사상을 집대성한 '한비자(韓非子)'에 나오는 '경거(輕擧)'라는 말과 '전국책(戰國策)'에 나오는 '망동(妄動)'이라는 말이 합쳐진 사자성어로 한비자에 "밝은 임금은 노여움을 겉으로 드러내지 않아야 할것이니 임금이 노여움을 보이면 신하들은 벌 받을 것이 두려워 경솔하게 계책을 꾸며 왕을 죽이려 할 것이므로 군주가 위험에 처하게 된다"에서 경거(輕擧)라는 말이 쓰여졌다.

또한 연횡책(連衡策)을 주장하는 '장의(張儀)'는 소왕(昭王)을 만나 "대왕께서 진(秦)나라를 섬기신다면 진나라는 기뻐할 것이며 조나라도 망녕되이 움직여 연나라를 침범하지 못할 것입니다"라고 말하며 망동(妄動)이라는 말을 쓴데서 경거망동이라는 말이 유래되었다고 전해진다.

일의 앞뒤를 생각하지 않고 경솔하게 행동하는 사람에게는 신뢰가 가지 않아 어떤 일이든 믿고 맡길 수가 없다.

급하다고 경거망동하면서 서두르는 것 보다는 침착하게 정해진 순서를 따라 차근차근 추진하는 습관을 기르는 것은 실수나 낭패를 사전에 막는 일이 될 것이다.

輕 가벼울 경, 가벼이여길 경   擧 들 거, 일으킬 거
妄 망령 망, 허망할 망   動 움직일 동, 동물 동

궁여지책
窮餘之策

—

생각하다 못해 매우 궁한 나머지 억지로 짜낸 계책

생각하다 못해 겨우 짜낸 계책으로 매우 궁한 나머지 가까스로 내놓은 방책을 말하는 고사성어이다.

계책(計策)은 가능한 자신의 회생됨이 없이 상대를 굴복시키는 것이 가장 상책이라 할 수 있다. 그러나 제반 여건이 좋지 못해 자신을 희생시켜가며 계책을 마련할 수 밖에 없는 경우가 있는데 이러한 때를 '고육지책' 또는 궁여지책이라 한다.

'삼국지' 오지(吳志)편에서 조조가 "고육책(苦肉策)을 쓰지 않고 어떻게나 조조를 속일 수 있겠는가"라고 하는 말이 나온다. 여기에서의 고육책 즉 고육지책(苦肉之策)이나 궁여지책은 유사한 뜻을 지니는 말이라 할 수 있을 것이다.

　군사상 고육지책이란 자기편 사람을 고의로 해(害)쳐서 적국으로 달아나게 하여 적이 사실인 양 믿게 한 다음 적정(敵情)을 염탐해서 적(敵)을 함정에 빠뜨리게 하는 계책, 즉 전략(戰略)을 뜻한다.

　공자의 논어(論語) 자로(子路)편에는 궁여지책이란 '매우 어려운 가운데 가까스로 짜낸 한 가지 계책'이라는 뜻으로 나온다.

　그러니까 막다른 상황을 일단 모면하기 위해 짜낸 마지막 술책이라는 말로 누구나 일상생활의 사사로움 속에서 더러는 어쩔 수 없이 경험하게 되는 때가 있을 수도 있는 일이다.

窮 다할 궁, 궁할 궁
之 갈 지, 어조사 지
餘 남을 여, 나머지 여
策 계책 책, 꾀 책

감탄고토
甘呑苦吐

—

달면 삼키고 쓰면 뱉는다

달면 삼키고 쓰면 뱉는다는 뜻으로 사리(事理)의 옳고 그름에 관계없이 자기의 비위에 맞으면 좋아하고 맞지 않으면 싫어한다는 뜻의 고사성어이다.

신의를 돌보지 않고 자기의 이익만 꾀하거나 자신의 기분이나 이해관계에 따라서 일의 옳고 그름을 판단하는 것을 비유하는 말이다.

다산(茶山) 정약용 선생이 엮은 '이담속찬(耳談續纂)'에 이 말이 나오는데 "이전에 달게 먹던 것도 지금은 쓰다고 뱉는다. 사람은 이익에 따라 교묘히 바뀐다"는 뜻으로 쓰여지고 있음을 알 수 있다.

사람은 누구나 이익을 탐한다. 이득(利得)이 있는 곳에 붙고 해(害)가 되는 곳은 외면하는 것이 세상의 이치임을 잘 표현한 말로써 우리가 흔히 쓰는 '간에 붙었다 쓸개에 붙었다'는 말과 일맥상통하기도 한다.

뚜렷한 주관이나 소신없이 그때그때 상황에 따라 자신에게 유리하면 받아들이고 불리하면 배척하는 얄팍한 행태를 이른다.

서로 간에 신의를 기본으로 하는 이익 추구의 사회가 되어야지 각자가 자기 이익만 생각하고 약삭 빠르게 개인의 이해관계만 따지게 되면 그에 따른 불신 풍조가 팽배하게 될 것이다. 인간으로써 지녀야할 기본 덕목인 성실성의 훼손에 따른 사회적 혼란이 심해질 수도 있을 것이라 생각된다.

甘 달 감, 맛날 감
苦 쓸 고, 괴로워할 고

呑 삼킬 탄, 감출 탄
吐 토할 토, 게울 토

결 자 해 지
結者解之

—

매듭을 묶은 사람이 풀어라

　매듭은 그것을 묶은 자가 풀어야 한다는 뜻으로 자기가 어떤 일을 저질렀으면 곧 자기 자신이 그 일을 해결해야 한다는 의미의 사자성어이다.

　조선 숙종(肅宗)때의 학자 '홍만종'이 지은 '순오지(旬五志)'에 '결자해지기시자당임기종(結者解之其始者當任其終)'이라는 말이 있다. 즉 '묶은 자가 그것을 풀고 그 일을 시작한자가 마땅히 끝가지 책임지고 마무리를 하여야 한다'는 뜻이다.

　일을 시작하거나 저질러 놓고 막상 일을 하다 힘이 들거나 다른 사정을 핑계로 그만두거나 집어치운 후 뒷일은 다른 사람에게 떠미는 책임감 없는 사람에게 쓰는 말이다.

아무리 '시작이 반'이라지만 시작한 일을 원만하게 추진하고 끝까지 깔끔하게 종결 짓는 일 또한 그에 못지않게 어렵고 힘들다. 때문에 처음에는 거창하게 떠벌리며 시작해 놓고는 매듭지어 끝내지 못하고 방치되는 일들을 우리는 많이 보아왔다.

이러한 일은 개인적으로도 있는 일이지만 특히 정치인들이나 공적으로 책임있는 사람들에게서 종종 볼 수 있는 일로 실현가능성도 희박한 공약을 앞세워 선거를 치르고 뒷감당을 못하는 사례들에서 '결자해지'의 의미가 돋보이게 됨을 느낄 수 있을 것이다.

結 맺을 결, 매듭 결   者 놈 자, 사람 자
解 풀 해, 가를 해   之 갈 지, 어조사 지

지과필개
知過必改

—

잘못을 알면 반드시 고쳐야 한다

천자문(千字文)에 나오는 말로 '잘못 되었음을 알았으면 반드시 고쳐야 한다'는 뜻이다.

사람은 누구나 완전한 신이 아닌 이상 살면서 많은 허물과 시행착오가 있기 마련이다. 또 허물이 있기 때문에 그 허물을 고치고 바로 잡아 더 좋은 앞날을 기약할 수 있는 것이다.

자기의 잘못이나 시행착오를 알면서도 고치지 않는 사람은 발전이 없고 항상 제자리에 있거나 오히려 후퇴할 수밖에 없는 사람이 될 것이다.

논어에서 공자는 '아는 것을 안다하고 모르는 것을 모른다고 하는 것이 진실한 앎(知)'이라고 말했다.

잘못된 바를 고치려면 우선 자기 자신부터 그릇된 마음과 잘못된 행동 여부를 살펴야 한다. 그리하려면 자기 자신의 허물을 채찍질해가며 부단한 반성이 뒤따라야 할 것이다.

천자문(千字文)에는 지과필개득능막망(知過必改得能莫忘)으로 나오는데 '허물을 알았으면 반드시 고쳐야하고 깨달아할 수 있는 능력을 얻었으면 잊지말아야 한다'고 풀이 된다. 또한 이 말은 논어(論語) 학이편(學而篇)에 나오는 '허물이 있다면 고치기를 꺼려하지 마라(過則勿憚改)'는 말과도 같은 의미라고 볼 수 있을 것이다.

知 알 지, 주장할 지

必 반드시 필, 기필코 필

過 허물 과, 지날 과

改 고칠 개, 고쳐질 개

불치하문
不恥下問

—

모르는 것을 묻는 것은 부끄러운 일이 아니다

자기보다 못한 사람에게 묻는 것을 부끄럽게 여기지 않는다는 뜻의 고사성어인데 사실 자기보다 못하다는 기준 자체가 좀 애매하다. 차라리 신분의 차별을 두고 지내던 과거에 벼슬이나 기타 지위가 자기보다 아래에 있는 사람에게 묻는 것을 결코 부끄럽지 않게 생각한다는 말로 해석하는 것이 타당하지 않을까 생각해 본다.

실제로 아무리 지위나 신분이 낮거나 배움이 부족한 사람이라도 경우에 따라서는 자기가 모르는 것을 알고 있을 수도 있으니 자신이 모르고 있는 것을 묻는 것은 부끄러울 것이 없다는 뜻이다.

논어(論語)에 나오는 말인데 공자의 제자 자공(子貢)이 위(衛)나라 대부인 공문자(孔文子)의 시호(諡號)에 문(文)자가 있는 사유를 물었다.

그러자 공자께서 민첩해서 배우기를 좋아하고 아랫사람에게 묻는 것을 부끄럽게 여기지 않아 시호를 '문'이라고 했다고 대답한데서 유래되었다고 전해진다.

다시 말해서 배우기를 좋아한다면 신분이나 지위에 구애받지 않고 누구에게나 물어보는 것을 부끄럽게 여기지 말아야 한다는 교훈적인 말이라 할 수 있을 것이다.

不 아니 불, 아닌가 부
下 아래 하, 낮을 하

恥 부끄럼 치, 부끄러워할 치
問 물을 문, 물음 문

부창부수
夫唱婦隨

남편하는 일에 아내도 따라한다

남편 주장에 아내가 따르는 것이 부부화합의 도리라는 뜻으로 '천자문'에 나오는 말이다. 하지만 남편이 옳은 의견을 말할 때 아내가 그 뜻에 따라 화합을 이룬다는 뜻이지, 옳고 그름에 구분없이 무턱대고 남편이 주장하는 대로 따른다는 뜻은 물론 아니다.

음(陰) 양(陽) 철학으로 대변되는 주역(周易)의 입장에서 볼 때 양이 움직이면 음은 조용하고 고요하게 있다가 순수하게 따르는 것이 양동음정(陽動陰靜)의 이치다.

246

천지는 대자연이고 인간은 소자연이다. 천지는 하늘과 땅이 부부가 된다. 인간은 남녀가 부부가 되어 서로 바르게 짝을 이룬다.

이에 따라 천지자연이 존재하며 그 사이에서 만물이 나오게 되고 부부사이에서 낳은 자식이 대를 이어 삶을 지속시키는 것으로 보고 있다.

부부가 화합하기 위해서는 남편이 남편노릇을 바르게 하고 또한 아내는 아내로써의 지켜야 할 일들을 바르게 지켜가며 서로 협조하고 이해하고 양보함이 솔선되어야 할 것이다.

아무튼 '부창부수'라는 말은 상하나 선후의 개념을 앞에 두지 않고 부부가 똑같은 위치에서 서로가 존중과 이해로 화합을 이루는 것이라고 보아야 할 것이다.

夫 지아비 부, 사내 부
婦 지어미 부, 아내 부
唱 부를 창, 노래 창
隨 따를 수, 따라서 수

오합지졸
烏合之卒

—

까마귀 무리와 같이 무질서한 군중들

까마귀가 아무렇게나 모여 있는 것처럼 질서나 규율도 없고 통제됨이 없는 수많은 군중들을 이르는 말이다. 즉 일정한 기준이나 자격요건 없이 마구잡이로 긁어모은 사람들이나 그렇게 훈련이나 통제를 받지 않은 군대를 말한다.

중국 '후한서(後漢書)'의 경엄전(耿弇傳)에 나오는데 '경엄'이라는 사람이 유수(劉秀)를 도와주기 위하여 군대를 이끌고 가는데 부하 한사람이 유수에게 가지 말고 또 다른 장수인 왕랑(王郞)에게로 가자고 건의한다.

이에 경엄은 그 부하를 꾸짖어 말하기를 "우리 돌격대가 왕랑의 오합지중을 쳐부수기란 썩은 나무를 꺾는 것과 마찬가지다"라고 한데서 나온 말로 오합지중(烏合之衆)이나 오합지졸(烏合之卒)이 같은 뜻으로 쓰인다.

여기에서 오(烏)는 까마귀를 일컫는 말로 전쟁을 하는데 사람이 아니라 까마귀를 모아다 놓으니 전투가 시작되기도 전에 미리 겁을 먹고 놀라서 흩어져 달아난다는 뜻으로 비유된 말이다.

사실 꼭 싸움을 하는 전쟁터에서 뿐 아니라 여러 사람들이 모이는 곳에서는 일정한 질서를 지키게 하는 규율이 있어야 한다. 또한 그 규율을 지키도록 통제하고 통솔하는 지휘자가 반드시 있어야지 그렇지 않으면 수많은 군중들이 제각기 떠들고 행동하게 된다.

그런 상황은 까마귀가 모여 있는 것과 다름이 없음을 비유한 말이다.

烏 까마귀 오, 검을 오	合 합할 합, 합칠 합
之 갈 지, 어조사 지	卒 하인 졸, 군사 졸

조령모개
朝令暮改

—
법령이나 규칙이 너무 자주 바뀐다

아침에 내린 명령을 저녁 때 고친다는 뜻이다. 법령이나 규칙이 일관성 없이 자주 바뀌어 믿을 수 없음을 비유해서 쓰는 말로 조변석개(朝變夕改)와 비슷하게 쓰인다. 중국 고전 '사기(史記)'에 나오는 고사성어이다.

중국 전한(前漢) 시대 경제에 밝았던 '조착'이라는 벼슬아치가 당시 흉노족의 침략이 잦은 변방주민들의 식량문제를 해결할 수 있는 묘책으로 논귀속소(論貴粟疏)라는 상소문을 올렸다.

250

이 상소문은 백성들이 농사를 지으면서 적군이 침입하면 전쟁터에 나가고 홍수와 가뭄을 당하면서도 세금까지 내느라 많은 고통과 시달림을 받고 있다는 내용이다.

특히 세금과 부역의 시기가 정해지지 않아 아침에 영을 내리고 저녁에 고치는 식으로 결과로 백성들을 더욱 고통스럽게 하는 결과를 초래한데서 나온 말이다.

법령이나 규정이 일관성 없이 너무 자주 바뀜으로 인한 문제점을 지적한 것이다.

실제로 우리가 생활하는데 국가의 법령뿐 아니라 일상적인 사사로운 일까지도 일정한 기준이나 약속들을 빈번하게 변경시켜 서로 신뢰하기 어려운 지경에 이르는 일들을 종종 경험하게 된다.

아마도 그래서 '남아일언중천금(男兒一言重千金)'이라는 말이 생기지 않았나하는 생각도 해 본다.

| 朝 아침 조, 조정 조 | 令 하여금 령, 법 령 |
| 暮 저물 모, 늦을 모 | 改 고칠 개, 고쳐질 개 |

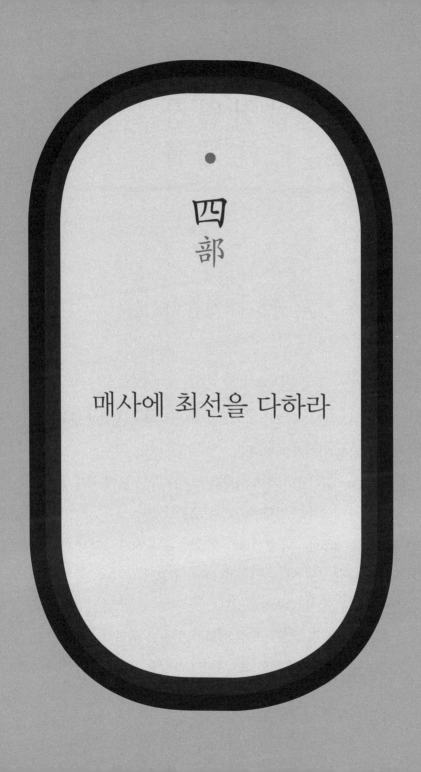

四
部

매사에 최선을 다하라

일취월장
日就月將

—

나날이 새롭게 발전함

날이 가고 달이 바뀔수록 새로운 것을 이루며 실력이 향상되고 있음을 가리키는 말이다.

처음부터 뛰어났던 것이 아니고 어쩌다 보니 눈에 뛰게 앞서고 있거나 고수의 반열에 오르는 경우가 있다.

이처럼 의도적으로 앞서려고 했거나 그냥 매일 조금씩 더 노력을 하다 보니 어느 순간 지난날과 확연히 달라졌음을 비유해서 쓰는 말이 '일취월장'이다.

일반적으로 평소에는 못 느끼다가 어느날 실력이 늘어난 것을 보고 놀랐을 때 떠오르는 말이기도 하다. 우연히 실력이

상승했을 때 사용하는 것이 아니라 어려움이 있어도 포기하지 않고 한걸음 한걸음씩 전진하며 노력해서 어느 경지에 올랐을 때 적용해서 비유하여야 맞을 것이다.

중국에서 가장 오래된 시집인 '시경(詩經)'에서 유래된 말이다. 중국 주(周)나라 시절 신하들이 직언(直言)을 하면 왕은 비위에 거슬리는 말일지라도 화내지 않고 자기 자신의 자질을 책망하며 스스로 더 노력해서 학문이 높고 슬기로운 왕이 되겠다고 다짐하는데서 나온 말이라고 전해온다.

실제로 공부하는 자녀를 둔 부모나, 공부하는 사람 자신도 가장 원하고 바라는 현상일 것이다.

발전적으로 다른 사람을 앞서나간다는 것은 결코 쉽지 않고 많은 노력이 뒤따라야 한다는 점을 잊지 말아야 할 것이다.

| 日 해 일, 나날 일 | 就 이룰 취, 나갈 취 |
| 月 달 월, 다달이 월 | 將 장수 장, 나아갈 장 |

괄목상대
刮目相對

눈을 비비며 상대편을 다시 본다

남의 학식이나 재주가 놀랄 만큼 부쩍 진보한 것을 이르는 말이다.

어떤 사람의 학문이나 재주가 평소에는 별로 다른 사람들의 눈에 띄지 않았다고 가정하자. 그러나 스승 또는 친구의 충고 등으로 특별한 자극을 받아 밤낮을 잊고 노력을 더해 학식이나 재주가 남들이 몰라볼 정도로 나아져 그에 대한 인식을 새롭게 하게 되었을 때 쓰는 말이 바로 '괄목상대'다.

삼국지에 나오는 '여몽(呂蒙)'은 무예에는 능했지만 일자무

식에 가까웠다고한다. 그런데 그의 장수 '손권'은 그를 불러 장차 큰일을 하려거든 학문에 뜻을 두어야 한다는 말을 했는데 여몽은 그 충고를 받아 평소 게을리하던 역사적 사실이나 전쟁사 등의 학문에 전념했다. 그후로 평소에 여몽을 별 볼일 없는 사람으로 경시했던 재상이나 다른 대신들은 그가 전과 달리 학식이 풍부해졌음에 깜짝 놀랐다.

이후로 뛰어난 계책과 전략을 세움으로써 손권으로 하여금 당시 명성을 떨치던 관우를 죽이고 형주 땅을 얻는데 크게 기여한데서 유래된 말이다.

이렇게 학문이나 인품등의 실력이 눈에 띄게 나아졌음을 이르는 말로 괄목상대가 쓰이고 있다.

刮 깎을 괄, 닦을 괄　　　目 눈 목, 눈동자 목
相 서로 상, 볼 상　　　　對 마주볼 대, 대답할 대

고육지책
苦肉之策

—

자신의 고통이나 피해를 감내하면서 꾸미는 계책

전투에서 적을 이기기 위해 자신의 온갖 괴로움을 무릅쓰고, 자기 몸을 희생해 가면서 꾸며내는 방책을 뜻한다. 삼국지의 적벽전투에서 '유비'의 노장 '황개'가 '조조'를 물리칠 때 사용한 방법이다.

유비는 조조와의 일전을 앞두고 "싸움에서 이기고지는 것은 군사의 많고 적은데 있는 것이 아니라 뛰어난 전략에 있다"라며 어떠한 계책을 짜내더라도 조조와의 전투에서 승리할 수 있는 방안을 내놓도록 휘하 장수들을 채근했다.

이에 그의 노장 황개가 조조를 속이기 위한 방책을 마련했다. 황개는 자신의 온갖 괴로움을 무릅쓰고 자기편 군사의 병력을 희생시키면서 싸움에서 승리할 수 있는 계책을 썼다.

그리하여 결국 적벽대전에서 유비의 군사들이 조조를 쳐부수는데 성공했던 것이다.

어떤 일을 도모하거나, 원하는 바를 이루기 위해서는 자신의 몸이 상하는 고통과 같은 희생도 감내해야 할 만큼 노력과 각오가 필요할 때 쓰는 말이 바로 고육지책이다.

별다른 노력 없이 쉽게 얻어지는 것은 가치가 없다는 게 세상의 이치다.

고육지계(苦肉之計) 또는 고육책(苦肉策)과 유사한 뜻을 가진 말로 함께 쓰이기도 한다.

苦 씀바귀 고, 쓸 고   肉 살 육, 고기 육
之 갈 지, 어조사 지   策 대쪽 책, 꾀 책

합종연횡
合從連衡

—

강자의 위협에 맞서기 위한 약자들의 전략

중국 전국시대 소진(蘇秦)이 주장했던 '합종'설과 장의(張儀)가 주장한 '연횡'설을 말한다.

'합종'은 강한 '진'나라에 대항하기 위해 약한 6개 나라 '초 · 연 · 제 · 한 · 위 · 조'가 힘을 합하여 대응하자는 주장이다. 반면에 '연횡'은 약한 여섯 나라들이 강한 진나라와 서로 친선을 맺고 결탁하여야 한다는 내용이다.

전국시대 당시 7개국 가운데 강한 진나라를 제외한 나머지 6개 나라는 국력으로 볼 때 진나라와 상대가 되지 못했다. 따라서 늘 진나라의 눈치를 보며 약소국의 서러움을 느끼게 되므로 어떻게 해서라도 강대국의 공격과 횡포에서 벗어나려고 하였다.

마침 '소진'과 '장의'라는 두 논객이 나타나 각 나라를 돌아다니며 각 제후들을 설득하려 할 때 주장하였던 책략을 일컫는 말이다.

합종의 종(從)은 남북을 뜻하고 연횡의 횡(衡)은 동서를 뜻하는데 요즘도 외교무대에서 활약하는 사람을 '종횡가'라고 부르게 된것은 여기서 연유되었다고 볼 수 있다.

※ 從(종)을 縱(종)으로 衡(횡)을 橫(횡)으로 쓰기도 함

合 합할 합, 합칠 합   從 세로 종, 쫓을 종
連 이을 연(련), 이어질 연(련)   衡 저울대 형, 가로 횡

봉산개도 우수가교
逢山開道 遇水架橋

—

목표에 도달하려면 방해가 되는
난관을 극복하여야 한다

중국 무협소설 '삼국지연의'에서 '조조'가 한 말로 전해지는 고사성어다.

길을 가다가 산을 만나면 산을 뚫어 길을 열고 강물을 만나면 다리를 놓아 길을 연결시킨다는 뜻이다.

사람이 살아가는데 어떤 목표를 세우고, 그 목표를 달성하기 위하여 나갈 때는 여러가지 예측하지 못했던 장벽이나 난관에 부딪치는 때가 있기 마련이다.

그럴 때마다 어려움을 극복하고 오로지 계획했던 목적 달성을 위하여 전력을 다하겠다는 결심과 각오를 표현하는 말이다.

조조는 난관이 있으면 그것을 돌파할 구체적인 방법을 찾아 극복하라는 뜻에서 이 말을 했겠지만 세상 일이란 그렇게 의지나 힘만 갖고 밀어 붙인다고 모두 이루어 지지만은 않아 이 전투에서 조조는 결국 관우에게 패하여 붙잡히는 신세가 되었음은 주지의 사실이다.

다만 청운의 꿈을 이루려는 젊은이들은 이와 같은 불굴의 의를 갖고 최선을 다하여야 한다는 의미의 이 고사성어로 마음 속 깊히 각오를 새롭게 하는 계기가 되어야 할 것이다.

逢 만날 봉, 맞을 봉   山 메 산, 능 산
開 열 개, 열릴 개   道 길 도, 순할 도
遇 만날 우, 대접할 우   水 물 수, 강 수
架 시렁 가, 건너지를 가   橋 다리 교, 시렁 교

연목구어
緣木求魚

—

나무 위에서 물고기를 구하려 한다

산에 있는 나무 위에 올라가서 물고기를 얻으려 하듯 불가능한 일을 하려고 할 때 쓰는 말이다.

사람은 누구나 자기 능력이나 분수에 맞는 생활을 하게 된다. 하지만 가끔은 도저히 이룰 수 없는 욕심을 부리며 하늘의 뜬구름 잡는 일과 같은 일에 온 힘을 쏟는 경우를 볼 수 있다.

물론 뜻을 크게 갖고 끊임없는 노력을 하여야만 성공의 결과를 얻을 수 있다. 그러나 그것도 어느 정도 자기 자신의 제

반 여건이나 가능성을 검토해서 목표를 설정하고 추진해야
한다.

괜스레 큰 꿈만 꾸다보면 헛수고를 하거나 아예 처음 시작
부터 장벽이 막혀 오히려 큰 실망이나 좌절감만 갖게 되고 말
것이다.

맹자(孟子) 양혜왕장구 상편(上篇)에 나오는 말인데 "나무
에서 물고기를 구하는 것은 실패해도 탈이 없지만 폐하(陛下)
처럼 무력으로 뜻을 이루려면 백성을 잃고 나라를 망치는 재
난이 따를 것입니다. 고기를 잡으려면 바다로 가야 하듯이 천
하를 통일하고 싶으면 천하의 대도(大道)를 가십시요"라고
한데서 유래되었다고 전해온다.

緣 말미암을 연, 인연 연   木 나무 목, 목관 목
求 구할 구, 탐낼 구   魚 고기 어, 물고기 어

거안위사
居安危思

—
편안한 상황에서도 위기를 대비한다

누구나 편안할 때는 미처 생각하지 못할 수 있으나 재난을 겪게 되면 한 번쯤 느끼게 하는 말이다.

사람이 살아가는데 있어 편안하고 무탈하게 지낼 때는 어렵고 위태로움을 당했을 때를 생각하지 않게 된다. 항상 좋은 일만 계속되리라 착각하고 지내는 경우가 많다.

그러나 막상 험한 일을 당하고 보면 '왜 평소에 미리 대비하고 지내지 않았나'하는 후회스러움을 느끼는 때가 많다.

유비무환(有備無患)이라는 말이 있듯이 '어려운 일이 있을 때를 대비해서 평상시부터 준비하는 생활 태도가 필요했구나' 하는 마음은 나이가 들어서야 더욱 절실하게 느껴지는 일이다.

더우기 요즘과 같이 사회가 복잡하고 혼란스러워 각종사고를 비롯한 예기치 못하는 재난이 빈발하는 때에는 언제 어디서 무슨 일이 벌어질지 잠시도 불안해서 벗어날 수 없으므로 더욱 더 조심하고 만일의 사고에 대비하는 생활이 필요할 것이다.

그래서 각종 보험제도가 있겠지만 가시적이고 물질적인 면에 못지 않게 정신적으로나 마음가짐 또한 조금도 소홀해서는 안될 것으로 본다.

居 살 거, 살게할 거
危 위태할 위, 위태롭게 할 위

安 편안할 안, 편안히 할 안
思 생각할 사, 생각 사

화이부동
和而不同

—
다른 사람과 친하게 지내더라도
각자의 주체성을 잃지 않는다

논어(論語)의 자로(子路)편에 나오는 말이다. 군자는 남들
과 일을 함께 있어도 함에 행동이나 일처리가 사사롭거나 치
우침이 없이 공평하고 정당하게 서로가 상이(相異)함을 인정
하고 이해한다는 뜻이다. 즉 서로의 다른 생각도 존중하고 포
용할 수 있지만 자신이 생각하는 것까지 똑같이 해야 할 필요
는 없다는 의미로 자기 나름대로의 주관과 독립성은 지켜질
수 있다는 말이다.

사회는 다양한 생각을 가진 사람들이 다양한 목소리를 내

기 마련이다. 내 생각과 다르더라도 서로의 공통점을 찾아 화합하고 조화를 이루며 지내는 것이 건강한 사회이다.

　오늘날과 같이 흑백 논리에만 치우쳐 내 주장만하는 사회에서 모두가 한번 쯤 되새겨 볼 말이다.

　인간이 공동으로 구성된 사회생활을 하면서 자기와 다른 상대방의 의견도 존중할 줄 알아야 하지만 줏대없이 남의 의견을 따르기만 하거나 편가르기는 하지말아야 함을 강조할 때 쓰이는 말이다.

　이와 반대되는 뜻의 사자성어로 동이불화(同而不和)가 있는데 자기의 생각이나 주장을 굽혀서까지 이해관계를 맞춰가며 남의 의견에 동조하고 무리를 짓지만 속으로는 서로 진실하게 화합하지 못한다는 뜻이다.

和 온화할 화, 화목할 화　　而 말 이을 이, 같을 이
不 아니 불, 아닌가 부　　同 한 가지 동, 같이할 동

토사구팽
兔死狗烹

사냥이 끝나면 사냥개를 버리는 모진 인심

　원래는 교토사주구팽(狡兔死走狗烹)으로 '사냥하는데 토끼가 죽으니 사냥하든 개는 소용없게 되어 삶아 먹힌다'는 뜻이다. 필요할 때는 쓰고 필요하지 않을 때는 야박하게 버리는 경우를 이르는 말이다.

　인류 역사상 수많은 전쟁이 있어 왔고 전쟁에서 승리한 자는 최고의 권력을 갖기 마련이다.

　권력을 갖게 된 자는 자신의 권력을 안전하게 유지하기 위해 권력에 도전하는 자를 제거해야만 했다. 이를 위해 권력을 갖는데 함께 고생한 친인척이나 공신들도 무자비하게 제거하는 경우처럼 일이 있을때는 실컷 부려먹다가 일이 끝나면 돌보지 않고 헌신짝처럼 버리는 야박한 인간의 속성을 비유하여 지적하는 고사성어이다.

　중국 춘추시대 범려(范蠡)가 제(齊)나라 문종(文宗)을 염려하며 '새 사냥이 끝나면 좋은 활도 감추어지고 교활한 토끼를 다 잡고나면 사냥개를 삶아 먹는다'라는 내용의 편지를 보내 문종이 피신하도록 하였다는 데서 토사구팽이라는 말이 유래되었다고 전해온다
　사기(史記)의 월왕구천세가(越王句踐世家)에 나오는 말이다.

兔 토끼 토
狗 잡을 구, 잡힐 구

死 죽을 사, 죽일 사
烹 삶을 팽, 삶아질 팽

생존경쟁
生存競爭

—

살아남기 위해 서로가 경쟁한다

모든 생물이 한정된 자원으로 그 생존을 유지하기 위해서 서로 간에 벌이는 경쟁, 즉 살아남기 위하여 온 힘을 다해 다투는 것을 일컫는 말이다. 원래는 '다윈'의 '종의 기원'에서 처음으로 과학적인 정립이 되었으나 여기에 대한 시작은 예전부터 있어 왔다고 한다.

생물이 존재를 계속하기 위해서는 그 서식 환경이나 자원이 한정되어 있으므로 서로 다투고 경쟁을 해서 이겨내야만 살아남고 자손을 남기어 대를 이어갈 수 있다는 말이 된다. 그렇기 때문에 생물이 계속 존재하기 위한 투쟁이라고 말하기도 한다.

'생존경쟁'이라는 말에는 생존을 위해서 라고 하는 능동적인 개념을 갖고 있다. 하지만 한편으로는 다른 것 들이 도태되고 있는 상황에서 남아서 존재하기 위한 수동적 개념에 가깝다고 보는 경향도 있다.

우리가 어려서부터 힘들게 운동을 하여 몸을 건강하게 유지하거나 어렵게 공부를 하는 것도 크게 보면 인간이 다른 종의 강하고 왕성한 생물집단에 의해 삶의 영역을 잠식 당하거나 멸종되지 않기 위한 자구노력이라고 볼 수 있을 것이다. 물론 좁게는 같은 종인 인간 서로간의 경쟁에서 뒤처지거나 낙오당하지 않기 위한 노력일 것이다.

더욱이 요즘은 생존경쟁이 심한 시대이기 때문에 어떤 경우든 그 환경에서 조금이라도 앞서기 위해서는 남들보다 더 많은 노력과 강인한 정신으로 확고한 자기위치를 잃지 말아야 할 것이다.

生 날 생, 살릴 생   存 있을 존, 보존할 존
競 다툴 경, 나아갈 경   爭 다툴 쟁, 다투게할 쟁

동문서답
東問西答

묻는 말에 당치도 않는 다른 대답

질문자가 원하는 내용과 전혀 다른 뜻으로 대답하는 경우를 비교해서, 즉 동쪽을 묻는데 아주 다른 쪽인 서쪽을 대답함을 이르는 사자성어이다.

'동문서답'이 아주 부정적으로만 인식될 때도 있는데 대개 묻는 말을 잘 못 알아들었을 때 (이 경우 질문하는 쪽에서는 상대방이 보다 쉽게 알아들을 수 있도록 질문 내용을 분명히 하지 못한 점도 감안되어야 할 것임.) 엉뚱한 대답이 나올 수 있을 것이다. 또 대답을 하기는 하지만 자기한테 불리한 질문이라고 판단해 의도적으로 묻는 내용의 핵심을 에둘러 대답하는 경우가 있다. 물론 동문서답으로 대답을 하다 보면 오히려 자기 말에 책임도 못지는 사람으로 몰릴 수도 있을 것이고 끝까지 대답을 회피하는 사람으로 낙인 찍힐 수도 있을 것이다.

그 외에 불리한 질문을 받으면 아예 그만하자고 하거나 쓸데없는 질문이라고 질문 자체를 묵살하려는 경우도 있겠다. 하지만 어쨌든 질문자의 의도나 질문 내용을 정확하게 파악하고 그 물음에 알맞은 대답을 하는 것을 정석으로 알아야 할 것이다.

이와 반대로 핵심이 확실치 않은 애매한 질문을 받고도 문제의 본질을 정확히 파악해서 질문자가 알고자 하는 내용을 명확하게 대답하는 '우문현답(愚問賢答)'을 하는 사람들도 있기 마련이다.

東 동녘 동, 봄 동   問 물을 문, 물음 문
西 서녘 서, 서쪽으로 향할 서   答 대답할 답, 갚을 답

모순
矛盾

—

창과 방패의 이율 배반을 뜻 함

고대 중국 초나라에서 있었던 일이다. 한 상인이 시장에서 창과 방패를 팔면서 "내 창은 하도 날카로워 이 창으로 뚫리지 않는 방패는 이 세상에 없다. 내 방패 또한 하도 견고해서 이 방패로 막지 못하는 창은 없다"고 떠들어 댔다.

그것을 보고 있던 한 선비가 "그 창으로 그 방패를 찌르면 어떻게 되는가?"하고 물으니 대답이 궁해진 장사꾼은 머리만 긁적이며 답변을 못했는데 이와 같이 논리의 불일치를 지적하는 말이 바로 '모순'이다.

천체 망원경으로 본 우주의 태양계는 수 억 만년을 지나면서도 한 치의 오차없이 그대로 돌고 있다고 한다. 그래서 우리는 봄, 여름, 가을, 겨울의 순서가 바뀌지 않고 어두운 밤이 지나면 밝은 낮이 오는 변함없는 자연의 질서 속에서 살고 있다.

이와 같이 자연의 이치는 언제나 바뀌지 않고 그대로이다. 그런데 이러한 자연의 순리를 생각하지 않고 인간들의 욕심만 앞세우는 인위적인 일에는 서로 어긋나고 이치에 맞지 않아 사람과 사람끼리 다투기도 하고 더 나아가서는 큰 전쟁으로 번지는 일까지 생긴다.

모름지기 인간들은 언제나 꾸밈없고 변함없는 자연의 이치를 거울삼아, 자연의 순리에 어긋나지 않도록 하는 것이 모든 갈등과 모순에서 벗어나는 길이 될 것이다.

矛 창 모 (병기(兵器)의 한 가지)
盾 방패 순 (화살이나 창 을 막는 무기)

이판사판
理判事判

—

막다른데 이르러 어찌할 수 없게 된 경우

어떤 일이 막다른 상황에 처하여 실질적으로 결론은 하나
가 되고 실행으로 옮길 수밖에 없는 상태를 비유해서 이르는
말이다. 실제로 우리가 일상생활을 하면서 어떤 경우에는 이
러지도 저러지도 못하게 한가지 길 밖에 없어 어쩔 수 없이
그 길을 택해야 하는 때가 종종 있게 된다.

원래는 불교에서 쓰는 '이사무애(理事無碍)'로 '이(理)'나 '사
(事)'나 모두 걸림이 없는 경지를 이르는 말이다. 억불숭유(抑
佛崇儒) 정책으로 불교를 탄압하던 조선시대의 건국이념 때

문에 조선 초기 승려들은 갑자기 천민계급으로 전락한다. 그리고 각종 탄압을 받게 된다. 하지만 탄압 속에서도 조선 초 승려들은 사찰을 존속시키고 불법(佛法)의 맥을 계승시키기 위하여 꿋꿋하게 버텨 나간다.

당시 하층계급들이 하는 험한 일을 하거나 산속에 은둔하며 참선 등을 통한 수행으로 승려들은 불법을 이어갔다. 이와 같은 승려들을 '사판승(事判僧)'과 '이판승(理判僧)'으로 부른 데서 '이판사판'의 뜻이 전이됐다고 한다.

막다른 상황에 이르게 된 것을 비유하는 부정적 의미로 쓰이게 된 시대적 상황의 작용으로 당시에 승려가 된다는 것은 막다른 인생의 마지막 선택으로 인식되어 '이판'이나 '사판'은 그 자체로 '끝장' 이미지를 연상시키게 되었다.

그러나 당초의 뜻은 불교에서 많은 수행에 의해 모든 일에 걸림이 없는 부처의 길에 가까워짐을 내포하고 있는 불교전문용어에서 유래되었다고 전해 온다.

理 다스릴 리, 이치 리 　　　　　判 가를 판, 판단할 판

事 일 사, 일삼을 사

도외시
度外視

관심도 갖지 않고 문제도 삼지 않는다

어떤 일이나 문제를 안중에 두지 않고 무시하거나 불문에 부친다는 뜻으로 쓰이는 말이다.

일상생활에서 의외로 많이 쓰이는 말인데, 이 말의 뒷면에는 조금은 개운해지거나 반대로 언짢아지는 심정의 기복이 뒤따르기도 한다.

중국 후한(後漢)을 세운 광무제 유수(劉秀)는 천하를 통일하기 위해 전쟁을 계속하여 마침내 중원(中原)을 평정했다. 그러나 서쪽 변방에 근거지를 둔 실력자들이 중원에서 멀리

떨어져 있는 점을 믿고 반기를 드는 일이 가끔 있었다. 그런데 광무제는 이들을 토벌하기 위해 당장 군대를 파견해야 한다는 대신들의 건의를 무시한다. 그리고 오랫동안 각지를 전전하며 전투에 지친 병사들을 쉬게 하여야겠다는 생각으로 서쪽 변방 반군들의 소란은 안중에 두지 않으려 했다.

광무제는 피로한 장수들과 병사들에게 상을 내리며 고향으로 돌아가서 쉬도록 해주었는데, 그 후 반란군들이 자진해서 항복해오는 자들도 있었다.

그 여세를 몰아 광무제는 반란군을 토벌해 천하는 조용해졌고 결국 후한은 새로운 부흥의 시대로 접어들게 되었다.

여기에서 바로 대신들의 건의가 있었음에도 서쪽 변방 반란군들의 소요를 안중에 두지 않고 무시한 것에서 '도외시'라는 고사성어가 유래되었다고 전해온다.

이렇게 도외시는 어떤 대상에 관심을 갖지 않는다는 뜻으로 사용된다.

度 법도 도, 정도 도   外 밖 외, 외댈 외
視 볼 시, 보일 시

좌우명
座右銘

—
스스로를 늘 경계하고 채찍질하게 하는 격언

늘 가까이 두고 스스로 경계하거나 반성의 자료로 삼는 명언이나 경구를 뜻하는 말을 이른다.

실제로 인생에 지표가 될 만한 좌우명을 가지면 어렵고 힘든 일이 있어도 잘 참아가며 이겨내는데 도움이 될 것이다.

참고로 중국 한나라의 학자였던 '최원'이라는 사람은 "남의 단점을 말하지 말고 자신의 장점을 자랑하지 말라"는 글을 지어 자기 자리(座)의 오른쪽(右)에 쇠붙이로 새기어(銘) 두었다. 그리고 이 글을 매일 읽으며 자기 자신의 행실을 바로잡기 위해 마음을 다 잡았는데 이때부터 최원의 글을 '좌우명'이라 불렀다고 한다. 또 이때부터 좌우명이란 말이 널리 퍼지게 됐다고 전해진다.

한편 중국 제나라 '환공'의 묘지와 함께 있는 사당 앞에 한쪽으로 비스듬히 기울어져 별로 쓸모없어 보이는 술독이 있었다. 그 술독에 물을 반쯤 채우면 비스듬했던 술독이 바로섰다고 한다.

이것을 '환공'이 항상 오른쪽에 두고 가득차는 것을 경계해서 '좌우명'으로 했다는 얘기도 있다.

"학문을 하는 사람이 배웠다고 교만해지면 이렇게 넘어지는 일이 생기니 명심하라는 뜻"이었다고 전해진다.

座 자리 좌, 지위 좌　　　　　　右 오른쪽 우, 우편 우
銘 새길 명, 기록할 명

위편삼절
韋編三絶

—

읽고 또 읽고 알때까지 읽어라

종이가 없던 옛날에는 대나무를 쪼개 글자를 쓰고 끈으로 엮어서 책으로 사용했다.

'공자'는 대나무 책 한 권도 수 없이 반복해 읽었다고 한다. 너무 여러 번 읽어서 대나무 쪽을 엮은 가죽 끈이 세 번씩이나 끊어졌다는데서 비롯된 말이 '위편삼절'이다. 한 권의 책을 여러 번 되풀이해서 읽음을 비유해서 이르는 말이다.

즉 공자님 같은 성인도 학문 연구를 위해서는 부단한 노력을 했다는 사실을 암시하기도 한다.

그 질긴 가죽 끈이 세 번씩이나 끊어질 정도로 책을 읽었다는 것은 얼마나 많은 독서와 노력을 했는지 가히 상상할 수 있지 않을까. 이처럼 공부에 몰두하는 자세, 학문에 대한 열의를 나타내는 의미로 쓰인다.

사실 요즘은 어떤 책이든 한두 번 읽고 내용이 어렵거나 이해가 안 된다면 내치는 경우가 많으니 공부하는 사람들은 '위편삼절'이라는 말을 꼭 기억해야 할 것이다.

비슷한 뜻으로 '소뿔에 책을 걸고 소를 타고 가면서도 책을 읽는다'는 우각괘서(牛角掛書)나 '머리카락을 대들보에 묶고 송곳으로 허벅지를 찌르면서 지독하게 학문에 정진한다'는 현량자고(懸梁刺股)와도 일맥상통되는 고전 명언들이다.

韋 가죽 위, 에울 위　　　　編 맬 편, 엮을 편
三 석 삼, 세 번 삼　　　　絕 끊을 절, 끊어질 절

자포자기
自暴自棄

—

스스로 포기하고 자신을 버린다

실망이나 불만 등 절망 상태에서 스스로 자기의 앞날과 형편을 버리고 돌보지 않는 것을 뜻한다.

맹자도 이루편에서 "스스로를 해치는 자와 함께 말할 수 없고 스스로를 버리는 자와 함께 일 할 수 없다"고 했다.

이렇듯 자기 스스로 자신을 버리고 돌보지 않는 자에게는 누구도 도움이 되거나 도움이 되어 줄 수 없고 그야말로 끝장이나 종말로 치닫는 길 밖에 없을 것이다.

원래 맹자는 인(人)과 의(義)를 설명하기 위한 개념이었다고 하지만 현재에는 절망 또는 체념하여 자신을 돌보지 않고

'될 대로로 되라'는 식으로 자기 자신을 스스로 학대하는 것을 말한다.

　불교에서 이 세상을 사바(娑婆) 세계라고 했듯이 우리가 살아가는 모든 일이 자기가 원하고 바라는 대로만은 되지 않아 더러는 실망하거나 낭패를 보는 때도 있다.

　또 그와 같은 일이 최악의 상태가 되어 극심한 절망감을 느낄 때도 있기 마련이다. 그러나 그럴 때마다 다시 일어설 수 있는 길을 찾는 슬기로운 지혜를 짜내야지 결코 모두를 포기하는 생각을 해서는 안 될 것이다.

　그렇기 때문에 "하늘이 무너져도 솟아날 구멍이 있다"는 말이 생겼을 것이다.

　어렵지만 어느 곳인가 비집고 솟아날 수 있는 구원의 손길이 있을 것이라는 일말의 희망이라도 놓치지 말아야 할 것이다.

自 스스로 자, 몸 자　　　　　　　暴 사나울 포, 모질게 굴 포
棄 버릴 기, 잃을 기

식소사번
食少事煩

―

얻는 것은 적은데 몸은 고단하다

먹는 것은 적은데 하는 일이 많다는 뜻으로 자기 몸은 돌보지 않고 바쁘게 일을 하지만 노력에 비해 얻어지는 결과는 보잘 것 없음을 이르는 말이다.

농사일을 하거나 기타 사업을 하는데 있어 괜스레 왔다갔다 바쁘기만 했지 끝에 가서 수확을 하거나 결산을 보면 얻어지는 것이 적어 "품값도 못했다"고 하는 사람을 흔히 보게 된다. 이러한 사람에게 '식소사번'이 제격으로 어울리는 말이 될 것이다.

반면에 어떤 사람은 별로 힘들게 하지 않는 것 같은데도 큰 수확을 하거나 대박이 나는 경우가 있어 '뚜벅뚜벅 걸어도 황소걸음'이라는 말을 듣게 되는 경우가 있다.

사실 모든 사람들은 후자의 경우를 바라겠지만 세상일은 그렇게 바라는 대로만 되지 않는다. 따라서 어찌 되었든 자기가 할 수 있는 한 최선의 노력을 다하고, 그 노력에 합당하는 결과를 기다리는 것이 세상을 살아가는 바른 자세가 될 것이다.

이 말은 중국 진서(晉書) 선제기(宣帝紀)에 나오는데 제갈량(諸葛亮)이 위(魏)나라의 사마의(司馬懿)와 오장원(五丈原)에서 싸우는 과정에서 제갈량이 먹는 것은 적고 일은 많이 한다는 말을 듣고 사마의가 "제갈량은 먹는 것은 적고 일은 번잡하니 어찌 오래 갈 수 있겠는가"라고 한데서 유래되었다고 전해온다.

食 먹을 식, 벌이 식   少 적을 소, 젊을 소
事 일 사, 부릴 사   煩 번거로울 번, 바쁠 번

형설지공
螢雪之功

—

어려운 조건을 극복하며 공부를 한다

반딧불과 쌓인 눈빛을 등불삼아 글을 읽을 정도로 어려운 여건을 극복하며 공부를 해서 얻어진 보람을 일컫는 고사성어이다.

지금은 나라가 부강하고 사회가 풍요로워졌지만 우리나라도 불과 몇 십 년 전까지만 해도 시골에서는 전깃불을 모르고 자라면서 공부를 하는 경우가 많았다.

석유등잔불의 그을음으로 콧구멍이 까맣게 될 정도로 가난한 환경에서 낮에는 논밭에 나가 힘든 일을 하고 밤에만 공부를 해야 하는 실정도 있었다.

이렇게 힘들고 어려움을 극복해가면서 노력을 해서 보람된 결과를 얻을 때 '형설의 공'을 쌓는다고 말 할 수 있을 것이다.

반딧불이나 눈빛이 얼마나 희미하고 침침했기에 어려운 여건으로 비교했겠는가. '고진감래(苦盡甘來)'라는 말이 있듯이 그렇게 어렵고 힘든 과정을 거치고 얻는 보람이야말로 얼마나 자랑스럽고 떳떳하겠는가. 여기서 얻는 기쁨과 희열을 마땅히 형설지공이라 할 수 있을 것이다.

노력없이 부모의 덕이나 우연히 얻어지는 결과와는 분명히 구분되는 말이다.

일본제국의 침략에 의한 식민시대와 6·25한국전쟁 등을 거치면서 어려웠던 시절에 많은 사람들이 낮에는 일하고 밤에는 공부하는 형설지공을 실현한 덕분에 오늘의 부유한 대한민국이 있게 되었음을 잊지말아야 할 것이다.

| 螢 개똥벌레 형, 반딧불이 형 | 雪 눈 설, 눈올 설 |
| 之 갈 지, 이을 지, 어조사 지 | 功 공 공, 보람 공 |

일사천리
一瀉千里

—

어떤 일이 거침없이 순조롭게 진행됨

강물의 물살이 빨라 한 번 흘러가기 시작하면 막힘없이 천리밖에 다다른다는 뜻으로 어떤 일을 하는데 거침없이 잘 진행되거나 문장이나 글이 명쾌하게 이어져 감을 이른다.

공부를 열심히 한 수험생은 시험지를 받고 '일사천리'로 답을 써 내려간다거나 면접시험장에서 면접관의 묻는 말에 하나도 막힘없이 '일사천리'로 대답했다고 할 때 쓸 수 있다. 아무나 경험 할 수 없고 평소에 많은 노력과 수련으로 땀을 흘린 자만이 가능할 것이다.

세상일을 하는 데는 일마다 막히거나 장애도 많이 따르게 마련이다. 따라서 매사에 일사천리로 이루어질 수 있는 일은 결코 흔치 않은 일이다. 그래도 그러한 일들이 있으니까 일사천리라는 고사성어가 생겼을 것이고 누구든지 어떤 일을 추진할 때는 거침없이 일이 잘 추진되기를 바라는 마음이 간절할 것이다.

하지만 물이 어찌 막힘없이 흐르기만 하겠는가. 막히면 돌아가고 웅덩이가 있으면 채워진 후에 흘러가듯이 인내와 끈기 또한 우리가 공부를 하거나 사업을 추진하는 덕목의 밑받침이 되어야 할 것이다.

"긴장과 큰 물이 한 번 흘러 천리를 가는 것은 조금도 괴상하게 생각할 일이 아니다"라고한 중국 송(宋)나라 진량(陳亮)의 말에서 유래되었다고 전해온다.

| 一 하나 일, 하나로 할 일 | 瀉 쏟을 사, 쏟아질 사 |
| 千 일천 천, 천번 천 | 里 마을 리, 헤아릴 리 |

용두사미
龍頭蛇尾

—

머리는 용이고 꼬리는 뱀처럼 시작만 요란함

한문 글자 그대로 머리는 용이고 꼬리는 뱀이라는 뜻이다. 어떤 일을 할 때 처음에는 왕성하고 그럴듯하게 시작했다가 시간이 갈수록 시들해지거나 출발은 요란스러운데 끝에 가서는 보잘 것 없이 흐지부지 되는 것을 비유해서 하는 말이다.

어떤 일이든 처음부터 심사숙고하여 추진 과정이나 결과적으로 나타나는 성패 여부 등을 면밀히 검토해야 한다. 그리고서 일단 시작을 하면 끝까지 최선을 다하여 좋은 결과를 얻어야 소위 성공했다고 할 것이다.

그러나 세상일은 그렇게 마음대로만 되지 않을 때도 있다. 처음에 품었던 열정이 식어지거나 주변 여건의 변화로 시작할 때와 같이 추진을 못하고 끝을 못 맺거나 그 결과가 시원치 않을 때가 있기 때문에 나온 말 일 것이다.

물론 그와 같은 일은 한 개인의 일뿐만 아니라 정부기관이나 공공단체에서 추진하는 일들도 마찬가지다.

정권이나 기관장이 바뀌게 되면 등한시 하거나 소홀하게 다루어서 처음 가졌던 기대에 미치지 못하는 일을 종종 볼 수 있다.

무슨 일이던 시종일관 똑 같은 열정이 있어야 성공 할 수 있을 것이다.

중국 송(宋)나라 때 설두스님이 저술한 '벽암록(碧巖錄)'에서 유래되었다고 전해온다.

龍 용 룡, 말 용   頭 머리 두, 우두머리 두
蛇 뱀 사, 별 이름 사   尾 꼬리 미, 끝 미

화룡점정
畫龍點睛

용을 그릴 때 마지막으로
눈동자에 점을 찍어 완성시킨다

용(龍)을 그릴 때 마지막으로 눈동자에 점을 찍어 그림을
완성시킨다는 뜻이다.

어떤 일을 할 때 마지막 가장 중요한 부분을 처리함으로써
비로소 일을 완성시킬 수 있음을 강조하여 나타내는 고사성
어이다.

중국 양나라에 '장승요(張僧繇)'라는 사람이 있었다. 그는
모든 사물을 실물과 똑같이 그리는 화가로 유명했다.

어느 날 안락사라는 절의 벽에 그린 용 두마리가 금방이라

도 살아 움직일 것 같아 사람들이 "눈동자를 그려 보라"고 성화를 해댔다. 장승요는 그 성화에 못 이겨 두 마리 용 가운데 한 마리 용의 눈에 붓으로 점을 찍었다. 그러자 갑자기 천지를 진동하는 듯한 소리와 함께 번개가 번쩍이며 벽이 갈라지더니 용 한마리가 튀어나와 하늘로 날아가 버렸다.

깜짝 놀라 정신을 차린 사람들이 벽을 살펴보니 두 마리 용 중 눈동자를 그려 넣지 않은 용 한 마리만 남아 있었다고 한다.

비록 눈동자를 표시하는 점 하나를 찍는 일이지만 그동안 용을 그리면서 쏟아온 정성과 혼을 붓끝에 얼마나 집중시켰기에 그림의 용이 살아움직일 수 있었는가를 가히 상상해 봄 직하다.

이와 같이 모든 일에는 마지막까지 최후의 정성을 다해야 한다는 교훈을 남겨주는 말이다.

畵 그림 화, 가를 획   龍 용 룡, 말 롱
點 점 점, 점찍을 점   睛 눈알 정, 눈동자 정

마부위침
磨斧爲針

—
도끼를 갈아 바늘을 만든다

작은 노력이라도 끈기 있게 계속해 나가면 언제인가는 반드시 큰일을 이룰 수 있다는 말이다. 우리가 흔히 쓰는 '낙숫물이 댓돌을 뚫는다'는 말과 비슷한 뜻을 가진 고사성어이다.

중국 당나라 때 '이백'(이태백)이 높은 학문의 경지에 오르고 후세에 잊혀 지지 않는 시인이 된 것은 어린 시절 열심히 공부했기 때문이다.

그는 어린 시절 고명한 스승을 찾아 상의산으로 들어가 공부를 했다. 어느 날 공부하는 도중에 싫증이 나자 스승에게 말도 하지 않고 산에서 내려와 집으로 가는데 한 할머니가 열심히 바위에 도끼를 갈고 있는 것을 보게 됐다. 이백이 그 연유를 묻자 할머니는 "바늘을 만들려고 도끼를 간다"고 대답했다.

이 말을 듣고 어이가 없어 하는 이백에게 할머니는 "중간에 그만두지 않고 계속한다면 가능한 일"이라고 말한데서 이백은 크게 감명 받았다고 한다. 그리고 그 길로 다시 산에 올라가 학문에 힘쓰게 되었다는데서 유래된 고사성어이다.

'마부작침(磨斧作針)'이라고도 하는데 커다란 도귀가 갈리고 갈려 작은 바늘이 되기까지는 얼마나 많은 노력과 땀을 흘려야 하는지 상상조차 어려운 일이다. 하지만 이로써 아무리 이루기 힘든 일이라도 끊임없는 노력과 끈기를 갖고 포기하지 않으면 결국 성공하고야 만다는 신념과 교훈을 주는 말이라고 하겠다.

磨 갈 마, 닳을 마　　　　斧 도끼 부, 찍을 부
爲 할 위, 만들 위　　　　針 바늘 침, 바느질할 침

파죽지세
破竹之勢

—

거침없이 적을 물리치며 진군하는 기세

대나무를 쪼개는 기세로 전투를 하거나 운동 경기를 할 때 상대진영을 밀치고 쳐들어가는 당당한 기세를 이르는 말이다. 원래 대나무는 처음 몇 마디만 칼을 대고 쪼개면 나머지 마디는 저절로 갈라지는 성질이 있다.

이처럼 어느 한 진영의 왕성한 사기로 일시에 힘을 내면 나머지는 막힐 데가 없다는 말로 비유해서 쓰는 고사성이다.

중국 전국시대 진나라 장수 '두예(杜預)'는 오나라 장수 '손호(孫皓)'와의 싸움에서 여러가지 전략을 썼다. 그리고 다양한 전략이 효과를 발휘해 손호를 거침없이 물리치고 승리를 거두는데서 나온 말로 '두예' 세력이 매우 강대하여 오나라를 완전 정복할 정도로 감히 대적할 상대가 없었음을 이르는데서 나온 말로 전해진다.

그러니까 감히 대적할 수 없을 정도로 막힘없이 무찔러 나아가는 맹렬하고 세력이 강한 기세를 일컫는 말이다.

비슷한 말로 세여파죽(勢如破竹), 석권지세(席卷之勢) 등이 있다.

破 깨질 파, 깨뜨릴 파   竹 대 죽, 대쪽 죽
之 갈 지, 이을 지   勢 세력 세, 형세 세

밀운불우
密雲不雨

—

구름은 가득한데 비는 오지 않는다

하늘에 구름만 빽빽하고 비가 되어 내리지 못하는 상태를 의미하는 것으로 여건은 조성되었으나 일이 성사 되지 않아 답답함과 불만이 폭발할 것 같은 상황을 비유해서 나타내는 고사성어이다.

주역(周易) 64쾌중 62번째인 소과(小過) 쾌는 발전을 상징하는 쾌인데, 이 쾌 육오효에 나오는 말이다.

해석에 따르면 "군주가 실력은 없으면서 지위만 높아졌으니 나는 새를 쏘지 않고 바위틈에 엎드려 있는 새끼새를 쏘아 잡는다. 이는 곧 능력이 부족하기 때문이다."

이것은 주(周)나라 문왕(文王)이 은(殷)나라 주왕(紂王)의 포악한 정치를 간(諫)하다가 오히려 박해를 받자 왕이 나라를 잘 다스리지 못하면 나 스스로라도 백성을 위해 덕치(德治)를 베풀겠다는 문왕의 의지를 보여준 말이라고 한다.

여기에서 유래되어 밀운불우는 비가 오기 전에 먹구름만 자욱하듯이 일의 징조만 나타나고 일이 완전히 성사되지 않아 답답해지는 마음을 비유하는 말로 쓰이게 되었다고 한다.

예를 들자면 여러 번 맞선 볼 때마다 혼사가 이루어질 듯하다가도 막판에 가서는 매번 뒤집어 지는 사람이 하는 말이 "나는 왜 이렇게 밀운불우의 연속인지 모르겠다"고 하소연을 하는 것도 비슷한 뜻이라 할 수 있을 것이다.

密 빽빽할 밀, 가까울 밀
不 아니 불, 아니할 불

雲 구름 운, 하늘 운
雨 비 우, 비올 우

입신양명
立身揚名

—

출세해서 이름을 세상에 널리 알리다

사회적으로 인정을 받고 출세하여 세상에 이름을 드날리게 되어 유명해지는 것을 이르는 말이다.

이 세상에 태어나는 것을 '출세(出世)'라고 한다면, 출세는 누구나 하는 일이다. 하지만 불교에서 말하는 '출세'는 일반적으로 보통사회를 일컫는 속세(俗世)를 버리고 성자(聖者)의 수행 길에 들어가거나 부처님이 중생(衆生)을 제도하려고 이 세상에 나타나는 것을 이른다. 때문에 이를 구분하여야 할 것이다.

보통 우리가 말하는 출세는 사회에서 떳떳하면서도 흔하

지 않은 자리를 차지하거나 경제적으로 보통사람들 보다 많은 재화를 얻어 소위 '남들이 부러워할 정도로 이름을 날리는 것' 등을 말한다. 이 또한 쉽게 이루어지는 것이 아니고 힘들고 어려운 과정과 많은 경쟁을 거쳐야 하는 결과로 얻어지는 보람일 것이다.

유교경전의 하나인 효경(孝經)에서는 '사회적으로 높은 지위에 오르고 이름을 떨치는 출세가 효도'라는 말이 나온다.

우리나라에서도 조선 숙종(肅宗)때 '김유기(金裕器)'라는 사람이 "장부로 태어나서 입신양명 못 할지면 차라리 떨치고 일없이 늙으리라"하는 시구(詩句)에서 나오는 사자성어이다. 또한 서애(西厓) 유성룡 선생이 쓴 '효경언해(孝經諺解)'의 끝 발문(跋文)에서는 "몸을 일으켜 도를 행하고 이름을 후세에 드날려서 부모를 빛나게 하는 것이 효도의 마지막"이라고 말하면서 입신양명이라는 말을 사용하기도 하였다고 전해진다.

立 설 립(입), 세울 입	身 몸 신, 몸소 신
揚 날릴 양, 오를 양	名 이름 명, 이름날 명

명불허전
名不虛傳

—
유명한데는 그럴만한 이유가 있다

명성이나 명예가 헛되이 알려 지는 것이 아니라 그만한 까닭이 있다. 즉 '이름값 할 만해서 그러하다'는 뜻이다. 널리 알려진 명성이 실제로 입증되었을 때 쓰는 고사성어이다.

요즘에는 아주 좋지 않은 사실이나 명성 또는 결과적으로 실패한 사실 등에 "그러면 그렇지"라는 반어적인 의미를 담아 쓰이는 경우도 있음을 볼 수 있다.

중국 최고의 역사서인 사마천(司馬遷)의 '사기(史記)'에 나오는 제(齊)나라 전략가인 맹상군 전문(田文)의 일화다.

수 천명이 넘는 인재를 식객(食客)으로 후하게 대하여 자체적으로 큰 세력을 지니고 있는 그를 남들이 평하길 "맹상군(孟嘗君)이 객(客)을 후하게 대하며 스스로 즐거워하였다고 하니 그 이름이 헛된 것이 아니었다"라고 한 말이 있다.

또 사기(史記) 유협열전에도 '명불허전'이라는 말이 있는데 정확하게 나오는 출전은 진수의 정사 삼국지 서막전(徐邈傳)에서 "황제가 크게 웃고 좌우를 돌아보면서 말하길 명불허전(名不虛傳)이로다"라고 한데서 유래된다고 할 수 있을 것이다.

얼마 전 모 TV방송국의 일일드라마 제목으로 나오는 등 사용빈도가 많아 여러 사람들한테 익숙해진 한자성어이다.

최근에는 '허접'이란 말과 명불허전이란 고사성어가 합쳐진 신조어로 '허접함이 지나쳐 신의 영역에 도달한 상태'를 뜻하는 '명불허접'으로 변형되어 쓰이고도 있음을 볼 수 있다.

名 이름 명, 이름 날 명   不 아닐 불, 아닌가 부
虛 빌 허, 헛될 허   傳 전할 전, 전하여질 전

권토중래
捲土重來

한 번 실패했다고 물러서지 않고 다시 도전한다

'한 번 패했다가 세력을 회복해서 다시 공격해 온다'는 뜻으로 실패 후에 다시 일어나는 것을 비유해서 표현하는 말이다.

'권토(捲土)'란 군대가 말을 달려 전진할 때 일으키는 흙먼지다. 멀리서 보면 마치 땅이 흙먼지로 인해 둥글게 모아지면서 말이 달리는 것처럼 보이는 현상을 이른다.

삼국지에서 초나라 항우(項羽)가 한나라 유방(劉邦)과 패권을 다투다 패하여 자살한 오강(烏江)에서 "싸움에서 이기고 지는 것은 병가(兵家)의 기약할 수 없는 일이니 부끄러움을 안고 참을 줄 아는 것이 사나이고 강동의 젊은이 중에는 재주가 뛰어난 사람들이 많으니 흙먼지 일으키며 다시 쳐들어 왔다면 어찌 되었을까"라고한 당(唐)나라 말기 시인 '두목(杜牧)'의 시(詩)인 칠언절구 '제오강정'에서 유래된 것으로 전해 온다.

사람은 누구나 살아가면서 실패와 좌절감을 느끼는 때가 있기 마련이다.

그때마다 낙망하여 포기하지 말고 다시 일어설 수 있다는 자신감과 용기를 잃지 말고 재도전하는 마음을 굳게 가져야 한다는 교훈적인 말이다.

항우가 패전(敗戰)의 좌절을 딛고 뒷날을 도모하였다면 다시 한 번 패권(霸權)을 얻을 기회를 가질 수 있었으리라는 아쉬움을 토로한 말이다.

여기서 유래하여 권토중래는 어떤 일에 실패하였으나 힘을 축적하여 다시 그 일에 도전하는 것을 비유하는 고사성어로 사용되고 있다.

捲 말 권, 힘쓸 권
重 거듭 중, 무거울 중
土 흙 토, 땅 토
來 올 래, 돌아올 래

성동격서
聲東擊西

—

동쪽에서 소리 내어 적을 교란시키고
서쪽으로 공격 한다

　'동쪽으로 공격할 듯이 소리 내고 실제로는 서쪽을 친다'는
뜻으로 적을 교묘하게 속여 공략하는 것을 비유해서 쓰는 말
이다. 다시 말해서 이쪽을 공격하는 척 하면서 실제로는 저쪽
을 치는 전술(戰術)을 나타내는 말로 중국 회남자(淮南子)의
병략훈(兵略訓)에서 유래되었다고 전해진다. 요약해보면 다
음과 같다.

　"새가 먹이를 잡아챌 때는 머리를 숙이고 맹수가 먹이를
덮치려할 때는 발톱을 숨기듯이 용병(用兵)의 방법은 일부러

자기편 군대의 부드러운 면을 적에게 보여주되 실제로는 단단하고도 강하게 적과 응전(應戰)할 수 있도록 적에게 약점을 보여주고 강점으로 적을 압도하여야 한다. 또 군사를 철수하듯이 하다가 오히려 공격으로 대응할 것이며 서쪽으로 가려고하면서 동쪽으로 가는 모습을 보이면 처음에는 최종목적과 어긋나는 것 같지만 결국에는 일치하게 되고 처음에는 불분명한 것 같지만 나중에는 명료해진다. 이렇게 하면 적이 우리 쪽의 행동과 동정을 살펴봐도 알 수 없으며 벼락이 치는 것과 같아서 대비할 수도 없고 같은 전술을 반복하지 않으므로 백전백승할 수 있다."

이처럼 성동격서는 고대 중국의 전략과 전술에서 쓰던 말이다. 요즘에는 바둑에서도 "우상변을 공격하기 위해 먼저 우하변을 공격하는 척하라"는 식으로 많이 사용되는 전술적 용어이다.

聲 소리 성, 소리칠 성	東 동녘 동, 동녘으로 갈 동
擊 칠 격, 마주칠 격	西 서녘 서, 서양 서

진인사대천명
盡人事待天命

—

최선을 다하고 결과는 하늘에 맡긴다

'진인사'는 '사람으로써 할 수 있는 일을 다한다'는 말이다. '대천명'은 '하늘의 명(뜻)을 기다린다'는 것으로 이 두 말이 합쳐진 '진인사대천명'은 '사람이 할 수 있는 최선을 다하고 나머지는 하늘의 뜻에 따른다'는 말로 풀이된다.

중국 삼국시대 위(魏)나라의 '조조'가 오(吳)와 촉(蜀) 두 나라의 연합군과 그 유명한 적벽대전(赤壁大戰)의 전투를 벌리는 과정에서 제갈량이 유비에게 다음과 같이 말했다.

"내가 사람으로서 할 수 있는 방법을 모두 쓴다 할지라도 사람의 목숨은 하늘의 뜻에 달렸으니 하늘의 명을 기다릴 뿐이다."

이 말은 조조를 죽이라는 제갈량의 명령을 따르지 않은 관우를 참수(斬首)하지 않은데서 나온 말이기도 하다.

한편으로는 송(宋)나라 때 학자 호인(胡寅)이 쓴 '치당독서관견(致堂讀書管見)'의 "사람은 할 일을 다하고 천명을 기다리라고 했는데 지금 선고(仙姑)께선 참지도 못할 뿐 아니라 사람이 할 일도 다하지 않았다"는 말에서 유래되었다고 전해오기도 한다.

아무튼 모든 일에 자기가 할 수 있는 최선을 다하라는 뜻으로 많은 사람들이 좌우명으로 생각하는 고사성어이다.

盡 다할 진, 모두 진   人 사람 인, 사람마다 인

事 일 사, 섬길 사   待 기다릴 대, 대접할 대

天 하늘 천, 운명 천   命 목숨 명, 명할 명

갑론을박
甲論乙駁

—

여러 사람의 서로 다른 주장과 반박

갑이 자기의견을 내세우며 말하면, 을이 그 말에 대하여 반박하는 모습을 말한다.

여러 사람이 모여 서로 다른 의견을 내세우면 그에 대해 반박하며 주장하는 모습이 강하게 느껴지는 현상을 뜻한다.

조선 후기에는 정치를 하는 사람들이 무리를 짓고 서로 편을 갈라 대립하는 등 소위 붕당정치를 했다. 그와 같은 현상이 오늘날에 와서는 주장하고 추구하는 정책이나 이념이 같은 사람들끼리 모여 의견을 모으고 힘을 집중시키고자 하는 정당정치로 발전된 것이라고 볼 수 있다.

이처럼 붕당에 속한 사람들도 처음에는 다른 편의 의견을 인정해주고 서로 간에 생각을 나누기도 했다. 하지만 시간이 지나면서 서로의 사이가 점점 나빠지고 무조건 자기 편의 주장만 옳다고 우기다 보니 자연히 백성들을 생각할 수 있는 여유를 잃게 되는 폐단도 생겼다고 본다. 그래서 여러 사람들의 다양한 의견을 모아 무엇인가 좋은 방안이나 정책을 도출해 내기는커녕 '갑론을박'만하고 정치적 대립만 일삼는 경향으로 흘러 국민들로부터 안타까움을 느끼게 하는 경우가 흔히 있다고 할 것이다.

아무튼 갑론을박은 여러 사람이 서로 자기의 의견을 주장하고 다른 사람의 주장하는 바를 반박하는 상황을 나타내는 말이다. 보통 토론이나 회의할 때 많이 볼 수 있으나 서로 반대만하지 말고 의견을 모아 더 좋은 결과를 도출해 내겠다는 생각에 더욱 큰 방점을 두어야 할 것이다.

甲 첫째 갑, 갑옷 갑   論 논할 논, 견해 론
乙 둘째 을, 굽을 을   駁 논박할 박, 칠 박

대도무문
大道無門

—

바르고 큰 길에는 거칠 것이 없다

글자 그대로 풀이하면 '큰 길에는 문이 없다'는 말이나 '사람으로서 마땅히 지켜야 할 큰 도리나 정도(正道)에는 거칠 것이 없다'는 뜻으로 누구나 그러한 길을 걸으면 숨기거나 움츠러질 필요없이 떳떳하다는 의미로 보는 게 적절할 것이다.

한편으로는 종교적 측면에서 큰 깨달음이나 진리에 이르는 데는 정해진 길이나 일정한 방식이 없다고 해석하기도 한다.

불교 '선종(禪宗)'의 무문관(無門觀)에서 비롯되었다고 한다. "큰길에는 문이 없으며 천갈래 길이 있으니 용감하게 돌진하는 사람에게는 모두가 굴복할 것이지만 머뭇거리는 자에게는 진리가 문밖을 지나가는 말처럼 잡기 어려우니 주저하지 말라"는 '계송(戒訟)'을 요약하여 다른 사람들의 말에 미혹되거나 뒤돌아보지 말고 용맹정진해서 자기의 도를 깨우치라는데서 나온 말이라고 전해온다.

사실 윗글과는 내포하고 있는 의미가 약간 다르기는 하지만 김영삼 전 대통령이 '큰 길에는 아무런 막힘이 없다'는 뜻에서 '대도무문'을 휘호로 쓴 적이 있다.

휘호를 쓰면서 김 전 대통령은 자신의 뜻을 그대로 밀고 나가겠다는 의지를 강하게 나타내기도 했다.

그 이후로 '한 번 뜻을 세우면 어떠한 장애에도 굽히지 않고 정진 한다'는 용기를 비유해서 표현하는데 더욱 친근해진 말이 되었다.

大 클 대, 크게여길 대　　　道 길 도, 인도할 도
無 없을 무, 아닐 무　　　門 문 문, 집 문

일석이조
一石二鳥

—

한 번 힘들여서 두 가지 이득을 얻다

'한 개의 돌을 던져 두 마리의 새를 잡는다'는 뜻이다. 한 가지 일을 해서 두 가지 이익(利益)을 얻음을 이르는 고사성어로 '일거양득(一擧兩得)'과 같은 뜻을 가진다.

적은 노력으로 큰 성과를 거두는 경우를 일컫는 말 가운데 대표적인 표현이라고 볼 수 있다.

중국 진(秦)나라 때 충신 '사마조(司馬錯)'가 '혜문왕(惠文王)'에게 "지금 진나라는 국토가 협소하고 백성들은 빈곤한데 이 두 가지 문제를 한꺼번에 해결하려면 먼저 강한 진나라의 군대로 촉(蜀)나라 오랑캐를 정벌하는 길 외에 달리 좋은 방법이 없는 것으로 아옵니다. 그렇게 되면 우리 진나라의 국토는 넓어지고 백성들의 재물도 쌓일 것이니 이야말로 일석이조가 아니고 무엇이겠습니까"라고 진언한데서 유래된 말로 전해오고 있다.

한편 일거양득(一擧兩得)이란 말도 '한 가지 일을 하여 두 가지 이익을 얻는다'는 뜻인 바 '누구나 어떤 일을 할 때 급하게 서두르지 않고 차분하게 심사숙고해서 하다보면 한 번의 일로 두 가지 행운을 얻게 되는 기회가 올 수 도 있다'는 교훈적인 의미를 지니는 한자성어라는 것도 알 수 있다.

一 한 일, 첫째 일　　　　石 돌 석, 굳을 석
二 두 이, 두 번 이　　　　鳥 새 조, 땅이름 작

백면서생
白面書生

—

공부만 하며 세상 물정에는 어두운 사람

얼굴이 하얀 선비, 즉 방에서 글만 읽어 현실적인 세상물
정에 어둡고 사회적 경험이 없는 사람을 비유해서 이르는 말
이다.

중국 송서(宋書) 심경지전(沈慶之傳)에 나오는 말인데 여기
서의 백면서생은 야전을 누비며 햇볕에 그을린 검은 얼굴의
무관(武官)과 대비되는, 방안에서 책만 읽어 얼굴이 창백하
고 실전경험이 없는 문신(文臣)들을 비꼬아 한 말이다.

이 말을 한 '심경지(沈慶之)'는 어릴 때부터 연마한 무예의

기량이 뛰어났다. 열 살 때 이미 군졸들을 이끌고 동진(東晉)의 장군 '손은(孫恩)'의 반란을 진압했고 40세 때는 이민족(異民族)의 반란을 진압한 공로로 장군이 되었다.

그 후에도 많은 전공을 세워 건무장군(建武將軍)에 임명되어 변경 수비군의 총수로 부임하는 등 전형적인 무관이었다고 전해지는 인물이다.

심경지는 왕이 전쟁경험이 많은 무신(武臣)들을 제쳐두고 문신들과 전쟁에 관련 있는 일을 의논하자 출병(出兵)을 반대했다.

그는 "국가를 다스리는 일은 집안일과 같아 밭가는 일은 농부에게 물어보고 베짜는 일은 여인들에게 물어보듯이 전쟁에 관한 일은 전투경험이 있는 무관들과 의논해야 옳다"고 주장하며 전쟁경험이 없는 문관들을 백면서생으로 비유한데서 유래된 말이다.

세상일은 단순한 지식보다 실질적인 경험이 더 중요함을 강조하는 말로 볼 수 있을 것이다.

白 흰 백, 흰빛 백
書 글 서, 책 서

面 얼굴 면, 낯 면
生 날 생, 목숨 생

격물치지
格物致知

—

사물의 이치를 깊이 연구해 지식을 완전하게 한다

    사물에 대하여 깊이 연구하여(격물) 후천적인 지식을 명확하고 완전하게 넓히는 것(치지)으로 격물과 치지는 중국 고전인 '예기(禮記)' 대학(大學)편에 나오는 팔조목(八條目) 중 두 조목이다. 이 말의 본래 뜻이 밝혀지지 않아 후세에 그 해석에 따라 여러 학파로 갈라진다.

    그 대표적인 주자학파(朱子學派)에 따르면 "사물의 이치를 궁극(窮極)에 까지 이르도록 연구하여 나의 지식을 극진하게 이른다"는 뜻으로 풀이 하고 있다.

대학(大學)의 원문에서는 격물치지에 관련된 것으로 '나의 지식을 극진하게 이루는 것은 사물의 이치를 궁극에 까지 이르는데 달려 있다.(致知在格物)'와 '사물의 이치가 궁극에 까지 이른 다음에 내 마음의 지식이 극진한데 이른다.(物格而后知至)' 그리고 '이것을 일러 나의 지식이 극진한데 이르렀다.(此謂知之至也)'라는 세 구절이 있으나 그 해석을 놓고 크게 주자학파와 양명학파(陽明學派)로 갈라지고 있다.

주자(朱子)는 격(格)을 '이른다'로 해석하여 '모든 사물의 이치를 끝가지 파고 들어가면 앎에 이른다'는(치지) 성즉리설(性卽理說)을, 왕양명(王陽明)은 '사람의 마음을 어둡게 하는 물욕(物慾)인 격(格)을 물리친다'는 뜻의 심즉리설(心卽理說)로 갈리고 있다.

앞으로도 이에 대하여 많은 연구가 뒤따라야 할 것으로 보고 있다.

| 格 이를 격, 궁구할 격 | 物 만물 물, 무리 물 |
| 致 이를 치, 다할 치 | 知 앎 지, 알 지 |

자강불식
自强不息

스스로 힘써 몸과 마음을 가다듬으며
쉬지 않고 노력한다

스스로 힘쓰고 쉬지 않고 노력한다는 뜻으로 자신의 목표
를 향해 끊임없이 노력하는 것을 의미하는 고사성어이다. 중
국의 고전인 역경(易經) 건괘(乾卦) 상전(象傳)에 나오는 다
음 구절에서 유래된 말이다.

"하늘의 운행이 굳건하니 군자가 이것을 응용하여 스스로
힘쓰고 쉬지 않는다.(天行建, 君子以自强不息)"

중국 고대 경전 중 하나인 역경은 자연 현상의 원리를 통해
우주철학을 논하는 동시에 그 원리를 인간사에 적용하여 구

체적인 유학(儒學)적 규범 원리를 제시한다. 따라서 하늘의
운행이 강건하여 한치의 어긋남이 없는 것처럼 봄이 가면 여
름이 오고, 해가지면 달이 뜨는 것과 같이 천체의 운행과 대
자연의 순환은 끊임없이 움직이면서도 변함없이 굳건함을 강
조한다.

  학식과 덕행이 훌륭한 군자와 같은 사람은 이와 같은 자연
원리를 본받아 자신의 몸을 단련하고 정신을 수양하는데 최
선을 다하며 조금도 게을리 하지 않는다는 의미로 해석할 수
있을 것이다.
  그러니까 자강불식은 스스로 단련하여 어떤 시련이나 위기
가 닥쳐도 흔들리거나 굽히지 않고 최선을 다하는 굳건한 의
지를 비유해서 표현하는 말이라고 보면 될 것이다.

自 스스로 자, 몸 자   强 힘쓸 강, 강할 강
不 아니 불, 아닌가 부   息 쉴 식, 그칠 식

불원천불우인
不怨天不尤人

어려운 상황에서도 남을 탓하거나 원망하지 않는다

고난이나 역경(逆境)을 만나더라도 하늘을 원망하거나 다른 사람 탓을 하지 않고 제 분수를 지켜 자기 발전과 향상을 위해 노력한다는 뜻이다.

원래 "군자(君子)는 하늘을 원망하지도 남을 탓하지도 않는다"는 말로 군자(학식과 덕행이 높은 사람)에 한해서 쓰던 말인데 그 의미가 차츰 확대되어 '잘못된 일을 남의 탓으로 돌리지 않는다'는 뜻으로 바뀌고 있다.

중국 고전(古典) 맹자(孟子)의 공손추장(公孫丑章)에 나오는 말로 맹자가 제(齊)나라를 떠날 때 제자인 충우(充虞)가 전날 선생님께 들은 바로는 "군자는 하늘을 원망하지 않고 사람을 탓하지 않는다라고 하셨습니다"라고 하니 맹자는 "500년이 지나면 반드시 왕자(王者)가 일어나고 그 사이에는 또 다시 세상에 이름을 드러내는 사람이 나타나게 마련인데 주(周)나라가 일어난 이래 700년이 되었으니 그 수(數)로 본다면 이미 세상에 이름을 드러낼 사람이 나타나기는 지난 것이다"라고 대화하는데서 불원천불우인이라는 말이 나온다.

한편 논어(論語) 헌문(憲問)편에도 노년의 공자가 "불원천불우인, 하학이상달 지아자 기천호(下學而上達 知俄者 其天乎)"라며 "세상에는 자신을 알아주는 이 없지만 하늘을 원망하거나 사람을 탓하지 않으면 자기 자신의 높은 학식은 하늘이 알아줄 것이다"라고 하는데 이 말이 쓰여진 것을 볼 수 있다.

不 아닐 불, 아닐 부   怨 원망할 원

天 하늘 천, 임금 천   尤 더욱 우, 탓할 우

人 사람 인, 사람마다 인

어불성설
語不成說

—

사리에 맞지 않고 도무지 말이 되지 않음

'말이 말로 이루어지지 않는다'는 뜻인데 풀이하면 말이 조금도 이치에 맞지 않는다는 뜻의 사자성어이다.

우리는 보통 '말도 안 되는 소리'를 하며 자기 자신의 잘못을 변명하거나 억지 주장을 할 때 어불성설이라는 말을 사용한다. 그러니까 입에서 나오니 말은 말인데 앞 뒤가 맞지 않고 사리(事理)가 분명하지 못한데도 억지로 떼를 쓰며 자기고집만 내세울 때 "도대체 말도 안된다." "말이 전혀 이치에 맞지 않는다"고 하는데 이 말들을 한자로 표현하면 바로 어불성설(語不成說)이라고 할 수 있을 것이다.

중국 고전 맹자(孟子) 공손추장상(公孫丑章上) 편에서 공손추의 물음에 맹자는 "사람이 부동심(不動心)을 가질려면 지언(知言)의 능력을 갖추어야 하는데 이는 다른 사람이 하는 말의 뜻을 구분할 줄 알아야 한다"면서 사람의 말에는 네 가지 병이 있다고 했다.

첫째, 한쪽으로 치우쳐 편벽된 피사(詖辭), 둘째 외곬에 빠져 판단을 잃은 음사(淫辭), 셋째 바른 길을 벗어난 사사(邪辭), 넷째 궁한 나머지 책임을 벗으려는 둔사(遁辭)인 바, 이 네 가지 말에 속하는 공통점은 말에 양심과 성실성이 결여되었다는 것이다.

따라서 양심과 성실성이 담겨 있지 않은 말은 어떤 경우에도 옳은 말이 될 수 없다고 하였는 바 우리가 하는 말이 어불성설이 되지 않고 말의 무게와 신뢰성을 지니려면 진정한 양심과 성실한 자세에서 이루어져야 함을 잊지 말아야 할 것이다.

語 말씀 어, 말할 어
成 이룰 성, 이루어질 성
不 아닐 불, 아니할 부
說 말씀 설, 말할 설

심기일전
心機一轉

어떤 계기로 인해 생각과
자세를 새롭게 고치고 바꾼다

마음의 기틀이 한 번 바뀐다. 즉 어떤 계기를 통해 지금까
지 가지고 있던 생각과 자세를 완전히 바꾼다는 의미의 사자
성어이다.

심기(心機)는 마음의 기틀이라는 뜻으로 어떤 일에 대해
마음이 반응하여 작용하는 것, 마음먹는 것, 어떤 일을 하려
고 생각하고 계획하는 것 등을 의미한다.

일전(一轉)은 '한번 구른다'는 말로 본래 가지고 있던 마음
의 기틀이 한번 바뀐다는 뜻인데 다시 말해서 심기일전은 본

래 유지하고 있던 생각이나 자세를 어떤 일의 계기로 인해 바꾸는 것을 일컫는 말이다.

일반적으로 외부에서 일어나는 어떤 일을 겪은 후 좌절하거나 포기하지 않고 이를 더 발전할 수 있는 발판으로 삼아 더욱 희망적이고 발전적인 방향으로 결심과 각오를 새롭게 하는 모습, 더욱 능동적이고 주체적으로 봉착된 문제에 대응하여 풀어 나가려고 하는 자세를 가리키는 말이라고 보아야 할 것이다.

사람은 누구나 살아가다 보면 마음먹고 계획했던 일이 예상 외의 문제로 인해 낙심하며 실망하거나 포기하여야 겠다는 생각이 들 때가 있기 마련이다.

그럴 때마다 마음을 다시 가다듬고 새로운 각오와 용기로 재도전 해보는 자세가 바로 심기일전하는 일이라 할 것이다.

心 마음 심, 가슴 심   機 기틀 기, 실마리 기
一 하나 일, 첫째 일   轉 바꿀 전, 구를 전

소년이로학난성
少年易老學難成

—

젊었을 때 시간을 아끼고 노력해야 성공할 수 있다

'소년이 늙기는 참으로 쉬우나 배움을 성취하기는 어렵다'
는 말로 젊어서의 시간은 빨리 지나가니 늙어서 후회하지 말
고 젊었을 때 꿈을 이루도록 노력하라는 뜻이다.

중국 남송(南宋)때 대유학자인 주자(朱子)의 권학문(勸學
文)에 나오는 시(詩)에서 유래된 말인데 이 시의 내용은 다음
과 같다.

少年易老學難成(소년이로학난성; 소년이 늙기는 쉬우나 학문
을 이루기는 어려우니)

一寸光陰不可輕(일촌광음불가경; 짧은 시간이라도 가볍게 생각하지 말라)

未覺池塘春草夢(미각지당춘초몽; 연못가의 풀들이 봄꿈에서 깨기도 전에)

階前梧葉已秋聲(계전오엽이추성; 섬돌 앞 오동나무 잎에서 가을 소리를 낸다.)

주자(朱子)는 이 외에 또 권학문을 지었는데 "오늘 공부하지 않으면서 내일이 있다고 하지 말라. 올해 공부하지 않으면서 내년이 있다고 말하지 말라. 세월은 흘러가고 나를 기다려 주지 않는다. 오호 늙었구나. 이 누구의 허물인가"라고 했다.

내일을 꿈꾸며 오늘을 사는 모든 젊은이들이 마음 깊이 새겨둘 명언이라 생각된다.

少 젊을 소	年 해 년	易 쉬울 이
老 늙을 로	學 배울 학	難 어려울 난
成 이룰 성		

기승전결
起承轉結

—
글쓰기 구성의 네 가지 단계

시문(詩文)을 짓는데 첫머리를 기(起), 이를 이어서 되받는 것을 승(承), 중간에 뜻을 한번 바꾸는 것을 전(轉), 전체를 거두어서 매듭 짓는 것을 결(結)이라고 하는 바 동양의 전통적인 시작법(詩作法)의 한 단계라고 볼 수 있다.

다시 말해서 기구(起句)에서 시상(詩想)을 일으키고 승구(承句)에서 그것을 이어받아 발전시키며 전구(轉句)에서는 장면과 시상을 새롭게 전환시키고 결구(結句)는 전체를 묶어서 여운(餘韻)과 여정(餘情)이 깃들도록 끝맺음 하는 것을 말한다.

이러한 방식은 비록 시작법 뿐만 아니라 모든 글쓰기 구성에 있어서의 4단계 즉 서론(序論), 설명(說明), 증명(證明), 결론(結論)과 같은 기승전결의 절차가 적용된다고 보아야 할 것이다.

기승전결은 우리가 일상생활을 하는데도 언제 어디에서나 매우 중요한 역할을 하는 단계적 요소이다. 때문에 제대로 단계와 절차를 지켜가며 말하고 쓰기만 해도 다른 사람에게 무시당하거나 부족하다는 인상을 주지 않을 것이다.

어떤 일이든 시작하는 첫 단계가 중요한 만큼 일을 추진하는 중간 과정도 중요하지만 알차게 마무리 짓는 마지막 끝맺음까지 최선을 다해야 한다는 것은 우리 인생의 삶에 있어서도 늘 마음속에 간직해 두어야 할 진리가 아닌가 하는 생각이 든다.

起 일어날 기, 일어설 기   承 이을 승, 받들 승
轉 구를 전, 굴릴 전   結 맺을 결, 맺힐 결

당구풍월
堂狗風月

―

서당에서 기르는 개가 풍월을 읊는다

　서당(書堂)에서 기르는 개가 풍월을 읊는다는 말로 그 분야에 경험과 지식이 없는 사람이라도 오래있으면 얼마간의 지식을 갖게 됨을 이르는 사자성어이다.

　실제로 아무것도 모르는 일자무식이라도 어느 분야의 전문적인 지식을 갖춘 사람들 틈에 끼어 오래 지내다보면 자신도 모르게 그 분야에 대하여 많은 것을 알게 되어 전문가 못지않을 정도가 되어 있음을 종종 볼 수 있다.
　정확하게 말하면 '당구삼년폐풍월(堂狗三年吠風月)'이 되지만 보통 줄여서 '당구풍월'이라고 쓴다.

어떤 일이든 오래 접하게 되면 자신도 모르는 사이에 그 일에 익숙해질 수 있다는 뜻이다. 또한 비전문가도 전문가와 함께 오래 생활하다보면 전문가에 버금가게 된다는 뜻이기도 하다.

한 예로 요즘은 제반 교육제도나 각종 훈련기관이 많아 정규 코스의 교육이나 훈련을 얼마든지 받을 수 있지만 불과 몇십년 전까지만 해도 자동차 운전을 배우려면 무조건 운전수 곁에서 조수 노릇으로 온 몸에 기름 때 묻혀가며 운전이나 차량 정비 등을 배워야 했다.

그것이 몇 년이 되든 그 고생스러운 기간과 과정을 거쳐서 배웠기 때문에 운전 미숙이나 차량 정비 불량에 따른 사고가 요즘같이 흔하지 않았을 것이다.

堂 집 당, 당당할 당   狗 개 구, 강아지 구
風 바람 풍, 경치 풍   月 달 월, 세월 월

문방사우
文房四友

—

붓, 먹, 종이, 벼루로 옛날 글방의 필수품

문인(文人)들이 서재에서 쓰는 붓(필, 筆) 먹(묵, 墨) 종이 (지, 紙) 벼루(연, 硯)의 네 가지 용구를 비유해서 일컫는 사자성어로 문방사보(文房四寶)라고도 한다.

중국에서는 옛날부터 서재(書齋)를 문방(文房)이라 하고 수업(修業)의 장으로 존중해왔는데 점차 문방이 그곳에서 쓰이는 도구를 가리키게 되었다.

문방구를 애완(愛玩)하는 역사는 한(漢), 위(魏), 진(晉) 나라로 더듬어 올라갈 수 있으나 남당(南唐)의 이욱(李煜)이 만들게 한 이정규묵(李廷珪墨), 남당관연(南唐官硯), 징심당지

(澄心堂紙), 오백현(吳栢玄)의 붓(筆)은 남당사보(南唐四寶)라 부를 정도로 문방구(文房具) 역사의 기초를 이루었다고 한다. 특히 송대(宋代)에 이르러서는 이러한 문방구의 애완풍조가 더욱 고조되고 문방구의 종류도 연적(硯滴), 필세(筆洗), 인장(印章) 등 수십 종에 이르렀다고 전해진다.

우리나라에서는 고구려의 승려이며 화가인 담징(曇徵)이 이미 고구려 영양왕 21년(서기 610년) 일본에 건너가 채색(彩色)과 종이 그리고 먹(墨) 만드는 법을 가르쳐주었다는 기록이 있어 문방의 역사를 말해준다고 본다.

요즘으로 말하면 학문이나 예술 등을 즐기는 사람들이 각종 서책이나 필기구 등을 가까이 하는 것과 같은 의미를 갖는다고 볼 수 있을 것이다.

| 文 글월 문, 문채 문 | 房 집 방, 곁방 방 |
| 四 넉 사, 네 번 사 | 友 벗 우, 벗할 우 |

난공불락
難攻不落

―

어떤 일을 성취하기가 매우 어려움

공격하기가 어려워 좀처럼 함락되지 않는다는 뜻을 가진 고사성어로 일을 성취하기가 매우 어려움을 일컫는 말인데 한편으로는 요새(要塞)나 철옹성(鐵甕城) 등을 지칭하는 의미로도 쓰인다.

중국 삼국지에서 제갈량(諸葛亮)은 출사표를 낸 후 10만의 병력을 이끌고 위(魏)나라 장수인 학소(郝昭)가 겨우 3천명의 병력으로 지키고 있는 진창성을 여러 차례 공격하였으나 쉽사리 함락되지 않자 제갈량이 감탄하며 난공불락이라고 말한 데서 유래되었다고 전해온다.

이때가 위나라 태화 2년으로 제갈량이 1차 북벌에 실패한 직후이며 2차 북벌을 감행하기 전이었는데 출병한 후에 교통의 요충지인 진창성을 학소라는 유명치 않은 인물이 지키고 있다는 정보를 듣고 쉽게 점령할 수 있을 것이라는 생각으로 직접 군대를 이끌고 공격했으나 연이어 패하게 되자 예상치 못한 패배감에서 나온 말이 바로 난공불락이었다고 볼 수 있다.

군사용어이지만 요즘에 와서는 꼭 군사와 관련되지 않은 다른 분야에서도 많이 쓰이는 경향이 있다. 주로 스포츠 등 운동경기에서 수비가 강력한 팀에 대한 찬사로 자주 쓰이고 있으나 스포츠가 아니더라도 상대방을 공략할 특별한 계책이 없거나 찾기 힘든 것을 지칭하는 용어로 사용되기도 한다.

難 어려울 난, 근심 난　　　　攻 칠 공, 다스릴 공
不 아닐 불, 아닌가 부　　　　落 떨어질 락, 떨어뜨릴 락

五
部

늘 감사하는
마음으로 살아라

결초보은
結草報恩

—

은혜의 고마움을 잊지 않고 갚으려 한다

은혜를 결코 잊지 않고 죽어서라도 갚는다는 뜻이다. 중국 춘추시대 진(晉)나라에 '위무자'라는 사람이 있었는데 자신이 병이 들자 아들에게 유언하기를 자신이 죽으면 자기가 사랑하던 애첩을 다른 데로 개가(改嫁)시키라고 당부했다.

그런데 막상 병세가 악화되니 말을 바꿔 자신이 죽으면 애첩을 자신과 함께 순장(산채로 함께 묻는 것)하라고 다시 유언을 했다고 한다.

얼마 후 위무자가 죽자 아들은 아버지가 병세가 악화되었을 때 다시 고쳐서 한 유언을 따르지 않고 당초 유언대로 서

344

모(아버지의 첩)를 개가 하도록 하여 그 여인이 죽음을 면하도록 해주었다.

그후에 위무자의 아들이 전장에 나가 적군과 싸우게 되었는데 딸의 죽음을 면하게 해준 은혜를 잊지 않은 서모의 죽은 아버지 망령이 나타나 전쟁터의 풀을 묶어 놓아 적군들의 발이 풀에 걸려 넘지게 하므로써 위기에서 벗어나도록 하였다는 데서 유래되는 고사성어이다.

그러나 현실은 어려웠을 때 도움을 받았거나 스승의 가르침에 대한 고마움도 그때 잠깐이고 시간이 지나면 언제 무슨 일이 있었느냐는 듯이 은혜로웠던 일들을 모두 잊는 경향이 늘어나고 있다.

깊고 큰 은혜를 결코 잊지 않고 마음으로라도 간직하는 일은 사회의 좋은 기풍으로 진작되어야 할 일이다.

結 맺을 결, 맺힐 결　　　　草 풀 초, 풀벨 초
報 갚을 보, 알릴 보　　　　恩 은혜 은, 사랑할 은

공수신퇴
功遂身退

—

공을 이루었으면 몸은 물러 날줄 알아야 한다

노자(老子)의 '도덕경(道德經)'에서 겸양의 도리를 강조하는 말이다.

노자는 "공이 이루어져도 명예를 소유하지 않는다." "성인은 공을 이루고도 거기에 머무르지 않는다." 등과 같은 말을 남겼다.

이 말들은 '공이 이루어지면 뒤로 물러나는 게 천지자연의 이치'라는 의미를 담고 있다. '채우고 채워 넘쳐흘러도 여전히 더 채우고자'하는 인간들의 끝없는 욕심을 자제시키고자 했던 말들이다.

적당할 때 물러나야 하는 게 세상의 이치다. 모두가 지나쳐 극에 달하게 되면 오히려 그 반대의 역작용이 뒤따르게 됨을 잊지 말아야 한다.

언제나 변함없이 달이 차면 기울고 썰물이 끝나면 밀물이 들어오듯이 우리의 일상생활에도 변화의 이치가 뒤따름을 항상 염두에 두고 살아야 할 것이다.

하지만 요즘 사회적으로 소위 지도적 위치에서 정치를 하거나 기업을 하는 사람들의 일부는 끝일 줄 모르는 명예와 욕심으로 눈살을 찌푸리게 하는 경우를 종종 볼 수 있음은 그야말로 안타까운 일이다.

이런 뜻에서 한동안 세상을 떠들썩하게 명성을 떨치던 인사들이 적절한 시기를 놓치지 않고 낙향이나 귀농하여 유유자적하게 보내는 사람들이 있어 신선함을 느끼기도 한다.

| 功 공 공, 보람 공 | 遂 이룰 수, 드디어 수 |
| 身 몸 신, 몸소 신 | 退 물러날 퇴, 물리칠 퇴 |

양약고구
良藥苦口

몸에 좋은 약은 입에 쓰다

병을 잘 낫게 하는 효험이 좋은 약은 먹으려면 입에 쓰다는 뜻이다.

아래 사람의 충심을 담은 직언, 동료나 친구 간에 진심 어린 충고 등은 당장 듣기에는 귀에 거슬릴 수 있다. 그러나 그 말을 잘 받아들여 행동하면 이롭다는 의미로 쓰인다.

중국 진시황제가 죽자 천하가 크게 흔들리기 시작했다. 한 나라를 세운 유방이 혼란스러운 세상을 평정하기 위해 군사를 일으켜 진나라를 공격한다. 이때 순간적으로 느슨해지는 유방의 마음을 다잡도록 그의 충성스런 부하 장량이 한 말이다.

"충신의 말은 귀에는 거슬리지만 행동하는데는 이로우며 좋은 약은 입에 쓰지만 병을 다스리는데는 매우 좋다고 하였으니 주공께서는 이 말을 잊지 마십시오."

이같은 장량의 유방을 향한 충고에서 전해오는 고사성어다. 이후로 유방은 진나라를 멸하고 한나라를 세워 한 고조가 되었다.

본래는 '충언역이 양약고구(忠言逆耳 良藥苦口)'였는데 나눠진 말이다.

누구나 자신의 잘못된 점을 지적하며 바른 말을 하면 일단은 듣기 거북하게 느껴지는 것은 인지상정이겠지만 그럴수록 마음을 다잡아가며 충고하는 말을 받아드릴 수 있는 정신적 수양이 생활화 되어야 할 것이다.

良 어질 양(량), 좋을 량(양)	藥 약 약, 약초 약
苦 씀바귀 고, 쓸 고	口 입 구, 인구 구

삼고초려
三顧草廬

—

인재를 얻기 위해 인내와 정성을 다해 노력함

중국 삼국시대 때 유비는 제갈량이라는 인재를 얻기 위해 그의 초가집으로 세 번이나 찾아갔다. 그리고 마침내 제갈량을 맞이해 군사(軍師)로 삼았다는 말에서 생긴 고사성어다. 훌륭한 인재를 얻기 위해서는 정성과 예의를 갖추고 참을성 있게 노력하여야 한다는 뜻이다.

나랏일은 물론이고 모든 일을 하는데 있어서 그 일에 맞는 적재적소의 어진 인재가 우선되어야 한다. 사람을 잘못 써서 나라를 혼란스럽게 하고 일을 망치는 사례를 우리는 흔히 볼 수 있는 일이다. 그래서 '인사(人事)가 만사(萬事)'라는 말도 있다. 훌륭한 사람이나 좋은 친구는 만나기가 어렵고 또 많은 공을 들여야 얻을 수 있는 일이다.

예의를 갖추고 정성을 다해 제갈량을 만난 유비는 그 유명한 적벽대전을 승리로 이끈다. 그리고 형주나 익주 등으로 국토를 넓혀가며 국가 경영을 잘 했다는 평을 얻게 된다.

참고로 제갈량(諸葛亮:181-234)은 자는 공명(孔明) 호는 와룡(臥龍)으로 중국 낭야군 양도현에서 태어나 어려서 부친인 제갈규를 잃고 작은 아버지인 제갈현에 의해 어린시절을 보냈지만 중국사의 무수한 인물중에서도 공자나 관우 등과 더불어 가장 유명한 인물로 손꼽히고 있다. 특히 그를 삼고초려 했던 유비가 죽고 유비의 어린 아들 유선을 받들면서 위나라 정벌에 나설때 유선에게 남긴 '출사표'는 지금까지 불후의 명문으로 전해지고 있다.

三 석 삼, 세 번 삼
草 풀 초, 거칠 초

顧 돌아볼 고, 돌아갈 고
廬 오두막집 려, 농막 려

조강지처
糟糠之妻

—

가난하고 어려운 시절을
고생하면서 살아온 아내

구차하고 천할 때 함께 어려움을 겪은 아내를 이르는 말이다. 옛날 중국 한나라 때 임금 '광무제'와 관련된 얘기다.

광무제에게는 젊어서 남편을 잃고 혼자된 누이가 있어 늘 가엽게 생각하고 있었다. 그런데 어느 날 누이가 '송홍'이라는 대신을 마음에 두고 있다는 것을 알게 됐다. 광무제는 송홍의 마음을 떠보기로 하고, 그를 불러 물었다.

"흔히들 사람이 지위가 높아지면 친구를 바꾸고 아내를 버린다고 하는데 그대의 생각은 어떠한가?"

이에 송홍은 다음과 같이 답했다.

"가난하고 어려울 때 사귄 친구는 잊지 말아야 하고 술지게미와 쌀겨로 끼니를 이을 만큼 구차하고 힘들 때 고생을 함께 했던 아내는 버리지 말아야 하는 것이 사람의 도리라고 생각합니다."

송홍은 이렇게 말하며 "빈천지교 불가망(貧賤之交 不可忘) 조강지처 불하당(糟糠之妻 不下堂)"이라고 대답했다고 전해 온다.

이같은 송홍의 대답에서 나온 말로 술지게미와 쌀겨로 끼니를 이어가듯 함께 고생한 본처는 어떤 일이 있어도 버려서는 안 된다는 뜻이다.

糟 지게미 조, 찌꺼기 조	糠 겨 강, 번쇄할 강
之 갈 지, 어조사 지	妻 아내 처, 시집보낼 처

극기복례
克己復禮

자신의 욕심을 억제하고
예의와 법도를 따르는 마음으로 돌아감

자기의 사사로운 욕망을 다 극복하고 분수와 예의범절에
맞도록 몸과 마음을 다 잡는다는 뜻으로 쓰이는 말이다.

시경(詩經)에 "쥐도 가죽이 있어 자기 몸을 가리는데 사람
이 예의가 없어서 되겠는가. 사람이 예의가 없으면 금수나 한
가지인데 어떻게 사람이라고 할 수 있나"라고 하였는바, 예
의가 없는 사회는 자기욕심만 채우려는 무례한 사람들이 판
을 치는 세상이 되어 많은 사람들이 늘 불안하여 살 수가 없
을 것이다.

예절을 지키는 사회는 자연스럽게 태평하고 안전한 사회가 될 것이다.

더욱이 오늘날과 같이 개인주의가 팽배해 가고 있어 부모 형제나 어른 또는 이웃도 대단치 않게 여기는 사회에서는 최소한의 염치와 분수를 생각하고 건전하고 안전한 사회를 조성하기 위해 각자가 예절을 되찾아야 할 것이다.

여기서 예(禮)라고 하는 것은 고대 중국에서부터 이어져 내려오는 사회적 규칙을 일컫는 것이다.

공자의 논어(論語)에서는 '인(仁)'에 관한 언급을 많이하며 유가(儒家) 사상의 대표성으로 강조했다. 그 인(仁)에 대하여 공자는 '나를 이기고 예로 돌아감이 인이 된다.(克己復禮爲仁)'고 강조하였음은 주목할 일이다.

| 克 능할 극, 이길 극 | 己 몸 기, 다스릴 기 |
| 復 다시 부, 돌아갈 복 | 禮 예 례, 예우할 례 |

석과불식
碩果不食

―

씨가 될 큰 과실은 먹지 않고 남겨둔다

주역(周易: 剝卦)에 나오는 말이다. 자기만의 욕심을 버리
고 자손에게도 복을 끼쳐준다는 말로 풀이되기도 한다.

어떤 일이 있어도 하늘은 전부 다 없애지 않고 씨는 남겨
둔다는 이치다. 씨를 남겨두어 멸종되지 않게 함으로써 하늘
이 무너져도 솟아날 구멍을 찾을 수 있도록 하는 것이다.

어린 시절 마당가에 서 있는 감나무에 감이 주렁주렁 열린
모습을 회상해 보자.

결실이 되어 감을 딸 때에도 맨 위에 있는 오롯한 감 하나

는 따지 않고 남겨둔다. 동네 아이들이 딸려고 하면 못 따게 말리며 '까치밥'이라고 하시던 어른들 말씀이 생각난다.

　무성한 잎사귀를 모두 떨구고 눈보라치는 겨울의 문턱에서 앙상한 나목으로 서 있는 감나무는 비극의 표상이 된다. 그러나 그 가지끝에 매달려 있는 빨간 감 한개는 희망이라고 보아야 할 것이다. 그 속의 씨가 이듬해 봄에 새싹이 되어 땅을 뚫고 일어설 수 있기 때문이다.

　아무리 난리가 나서 세상이 뒤집힌다 해도 씨는 남아야 자연의 생명이 유지되고 이어질 것이 아닌가.

　아마도 이와 같은 일들이 자연생태계가 유지되고 만물이 온전한 존재를 계속하는 근본으로 우리 인간이 자연에 순응해야 하는 자연의 이치라는 생각을 하게 된다.

碩 클 석(大), 충실할 석　　果 실과 과, 과연 과
不 아니 불, 아닌가 부　　食 먹을 식, 먹일 사

순호천 응호인
順乎天 應乎人

—

하늘에 순종하고 백성의 뜻에 따른다

주역(周易: 革卦)에 나오는 말로 하늘의 이치에 따르고 백성들이 원하는 바에 응한다는 뜻이다.

고대 중국 은(殷) 나라의 주(紂)왕이 포악한 정치로 백성들의 원성이 높자 탕(湯)나라의 무(武)왕이 은나라를 멸하고 도탄에 빠진 백성을 구한 탕무혁명(湯武革命)을 비유한 말이다.

즉 탕임금과 무왕의 혁명은 하늘의 때를 따랐으며 민심의 소리에 상응하였다는 것이다.

그 당시에도 아무 때나 누구든지 힘이 있다고 나라의 큰일이나 백성들의 삶을 함부로 바꾸는 것은 하늘의 뜻을 거역하는 것이라고 생각했다. 그러므로 천명에 순종하고 백성의 원하는 길을 따라야 한다는 말이다.

우리 보통 사람들의 일반적인 삶에 있어서도 마찬가지다. 모든 일을 욕심만 갖고 억지로 밀어 붙이지 말고 자연의 순리나 현실적인 가능성 등의 신중한 검토가 앞서야 할 것이다.

요즘 많이 발생하고 있는 기상이변이나 각종자연재해의 원인이 과학을 앞세운 인간들의 욕심채우기에 급급한 나머지 순수한 자연의 질서를 훼손하는데 있다는 생각을 새롭게하며 우리가 자연 앞에서 좀 더 겸손해지는 세상을 구현토록하는 것이 바로 순호천하고 응호인하는 자세라고 생각된다.

順 순할 순, 좇을 순, 차례 순　　乎 그런가 호, 어조사 호
天 하늘 천, 임금 천　　　　　　應 응당 응, 응할 응
人 사람 인(인간, 백성)

배주석병권
杯酒釋兵權

—

술을 권하며 병권을 내놓게 한다

중국 당(唐)나라의 뒤로 AD 959년경 송(宋)나라를 세운 송 태조 조광윤은 왕으로 즉위한 직후 연회를 연다. 건국하는데 공을 세운 석수신, 왕심기, 고희덕 등 건국 공신들을 위한 자리였다.

이 연회에서 조광윤은 건국 공신들에게 술잔을 돌리면서 고관후록(高官厚祿)의 조건과 인간적인 설득으로 왕권에 반기를 들지 않고 병권(兵權)을 내놓게 한다.

그리고 이들 건국 공신들이 말년을 오랫동안 편안하게 보낼 수 있게 했다. 물론 이렇게 되려면 나라를 세우는데 함께 공을 세운 장수들이라 할지라도 더 이상 권력이나 왕권에 대한 욕심으로 반기를 드는 일없이 조용히 여생을 보내며 태평성세를 기대하는 마음과 자세를 작어야 했을 것이다.

아무튼 배주석 병권이란 말은 승리한 자가 그의 친인척이나 공신들을 토사구팽(兔死狗烹)하지 않고 관용을 베풀어 반감을 갖지 않게 한데서 나온 고사성어이다.

필요할 때 불러서 함께 고생을 했으면 일이 끝난 뒤에도 끝까지 잘 보살펴 줄 수 있는 아량과 무한한 욕심의 절제로 공수신퇴(功遂身退)하는 겸양의 자세가 아쉬운 요즘 세상에 간직해야 할 말이다.

杯 잔 배, 대접 배	酒 술 주, 잔치 주
釋 풀 석, 풀릴 석	兵 군사 병, 병장기 병
權 저울추 권, 꾀할 권	

반구저기
反求諸己

잘못된 원인을 자신에게서 찾는다

어떤 일이 잘못 되었을 때 남의 탓을 하지 말고 그 잘못된 원인을 자기 자신에게서 찾아 고쳐나간다는 뜻이다.

"행하여도 얻지 못한 것이 있거든 자기 자신에게서 그 잘못의 원인을 구할 것이니 자신이 바르면 천하가 돌아올 것이다." '맹자' 이루(離婁)편에 나오는 말이다.

이와 관련 맹자는 인(仁)이란 활을 쏘는 것과 같다며 활을 쏘는 사람은 자신을 바르게 한 후에 쏘아야 하며 화살이 맞지 않으면 자기를 이긴 상대방을 탓하지 말고 맞지 않은 원인을 자기 자신에서 구해야 한다고 했다.

또한 공자는 '논어'에서 "군자는 허물을 자신에게서 찾고 소인은 허물을 남에게서 찾는다"고 했다.

다른 사람을 이기려면 먼저 자기자신을 이겨야 하고 다른 사람을 평(評)하려면 반드시 먼저 자기 자신을 평해야 하며 다른 사람을 알고자 하면 먼저 자기 자신을 알아야 함을 강조하는 말들이다.

그러나 요즘 세상에서는 '안 되면 조상 탓'이라고 어떤 일이 뜻대로 이루어지지 않으면 이 핑계, 저 핑계로 남의 탓만 앞세우는 사람들이 많이 있어 눈살을 찌푸리게 하는 일들을 자주 볼 수 있다. 이는 결코 발전적인 앞날을 기대할 수 없는 바람직스럽지 못한 일이다.

反 돌이킬 반, 뒤집을 반   求 구할 구, 탐낼 구
諸 모두 제, 어조사 저   己 몸 기, 다스릴 기

당랑거철
螳螂拒轍

—

약자가 강자에게 겁 없이 덤벼든다

사마귀가 앞발을 들고 수레바퀴를 멈추게 한다는 말로 자기분수도 모르고 강한 적에게 반항한다는 뜻으로 사용되는 고사성어이다.

사마귀는 작은 곤충세계에서 물러설 줄 모르는 강력한 습성을 가지고 있다. 어렸을 때 시골에서 길을 가다가 사마귀를 만나면, 이 놈은 절대로 등을 돌리거나 도망가지 않고 오히려 앞발을 들고 덤벼들 자세를 취하고 있어 어린 마음에 겁이 났던 경험이 있다.

중국고전 장자(莊子)에 나오는 말이다. 춘추시대 제(齊)나라 장공(莊公)이 수레를 타고 가는데 수레 앞에 사마귀 한마리가 앞발을 치켜세우고 수레바퀴를 향해 버티고 서있는 것을 봤다. 장공은 그 모습을 보고 "이 작은 벌레가 분수도 모르고 용감하기만 하여 수레를 막으려 하는 용맹성이 높다"고 평가했다. 그리고 만일 저 벌레를 사람으로 친다면 무서운 용사일 것이라 생각하고 수레를 비켜 지나갔다고 한다.

이 경우 겁 없는 사마귀의 용맹성을 높이 평가하고 비켜지나 갔거나, 아니면 이 미물이 하는 짓을 무시하고 그냥 지나가 사마귀가 수레바퀴에 깔려 죽게 함으로써 어진사람과 사려 깊지 못한 사람으로 구분된다고 평가할 수도 있는 일이 된다.

다양하면서도 복잡한 오늘날의 어려운 세상을 슬기롭게 살아가려면 모두가 자기의 분수를 알고 지나친 욕심을 절제하는데 좋은 교훈이 되는 말이다.

螳 당랑 당, 사마귀 당   螂 사마귀 랑, 당랑 랑
拒 막을 거, 방어 거   轍 바퀴자국 철

수구초심
首丘初心

—

누구나 고향을 잊지 않고 살아간다

여우는 죽을 때가 되면 자기가 살던 굴이 있는 쪽으로 머리를 향하고 죽는다는 말로 고향을 그리워하는 마음을 여우의 행위에 비유한 고사성어이다

옛날 중국의 은(殷)나라 말기에 그 유명한 '강태공'이라는 사람이 있었다. 그가 주(周)나라 건국에 큰 역할을 담당하고 그 공을 인정받아 주나라 무왕으로부터 제(齊) 땅의 제후(諸侯)에 봉해지니 제 나라는 이때부터 주나라의 제후국(諸侯國)이 되었다고 한다.

그 후 강태공은 제 나라를 강대국으로 키운 후 자신의 목숨이 얼마 남지 않았음을 깨닫게 되자 제 나라를 다른 사람에게 맡기고 당초 자신이 떠나온 주나라로 돌아갔다. 그런데 사람들은 이 사실을 인(仁)이라 여기고 예기(禮記)에 기록한데서 유래된 말로 전해온다.

요즘은 과학의 발달로 교통과 통신이 원활해져 원근을 불구하고 어디서나 서로 연락이 되고 안부를 주고받을 수 있다. 하지만 예전에는 꼭 인편에 의한 소통 방법밖에 없어서 한번 고향을 떠나 먼 객지로 가거나 여자가 먼 곳으로 시집을 가게 되면 가족이나 고향소식을 전해들을 수가 없었다.

얼마나 고향이 그립고 가족들이 보고 싶었으랴. 이런 마음을 비유해서 사람은 처음 가졌던 마음을 시종일관되게 지켜야함을 강조한 뜻으로 전해지는 말이다.

首 머리 수, 첫머리 수　　　丘 언덕 구, 산 구
初 처음 초, 근본 초　　　心 마음 심, 근본 심

중구난방
衆口難防

—

여러 사람의 말은 일일이 대꾸하기가 어렵다

많은 사람의 말을 이루 다 대응하기가 어렵다는 말이다. 여러 사람이 마구 떠들어 대는 말은 감당하기가 어려우니 많은 사람이 모일 때는 언행을 조심하여야 한다는 뜻으로 일일이 막아내기 어렵게 사방에서 마구 지껄여 댐을 이르는 말이다.

한편 중국 주(周)나라 때부터 전해오는 "백성의 입을 막는 것이 흐르는 냇물을 막는 것 보다 어렵다"는 말이 바로 '중구난방'이라는 말의 기원이 되었다고도 전해진다.

또 한편 중국 진(秦)나라 '소양왕' 때 조나라 서울 한단을 치러온 장수 '왕계'가 군중들의 마음을 얻지 못하니 그때 어느 한 사람이 군중들의 마음을 얻으라는 뜻에서 한 말로 "세 사람이 합치면 호랑이가 나타난다는 헛소문도 참 말이 될 수 있고 열사람이 합치면 쇠방망이도 꺾을 수 있고 많은 입(衆口)이 모이면 날개 없는 소문을 날려 보낼 수도 있다. 여러 말이 나오기 시작하면 막기가 어렵다(難防)"라는 데서 유래되었다고도 전해온다.

흔히 여러 사람들이 모이는 곳에서 중구난방으로 떠들지 말고 한 두 사람이 대표로 나서서 말하라고 하는데 쓰인다.

衆 무리 중, 많을 중   口 입 구, 아가리 구
難 어려울 난, 어려워할 난   防 둑 방, 막을 방

과유불급
過猶不及

—

지나침은 미치지 못하는 것과 같다

  '논어' 선진(先進)편에 나오는 말로 정도를 지나침은 미치지 못한 것과 같다는 말. 지나치거나 모자라지 않고 어느 한 쪽으로 치우치지 않는 중도의 상태가 중요하다는 의미다.

  공자는 "도(道)는 중용으로써 지극함을 삼으니 어질고 지혜로운 사람의 지나침이 비록 어리석고 불초한 사람의 미치지 못하는 것보다 나은 것 같으나 실제로는 그 중심을 잃는 것으로는 같은 것"이라고 했다.

  즉 그 지나침을 억제하고 그 미치지 못함을 이끌어 중도에 맞게 하여야 할 것이라는 뜻으로 해석된다.

한 예로 말하자면 비가 많이 오면 강물이 넘치고 홍수가 날 것이고, 반대로 비가 아주 적게 내리면 땅이 갈라지는 가뭄이 올 것이다.

따라서 비는 우리에게 꼭 필요하고 중요하지만 너무 많이 와도, 그렇다고 너무 적게 와도 안 된다. 이처럼 우리가 생활 하는데 꼭 알맞게 비가 내리기를 바라는 마음과 비유해 볼 만 한 말이다.

이는 하나의 예에 불과하지만 실제로 우리가 생활하는 모 든 분야에서 넘치거나 부족하지 않고 적당하고 평평하게 중 도를 지켜나가는 것이 바람직함을 깨닫게 해주는 고사성어 이다.

過 지날칠 과, 지날 과   猶 오히려 유, 같을 유
不 아닐 불, 아니할 불   及 미칠 급, 더불어 급

파경중원
破鏡重圓

—

깨졌던 거울이 다시 합쳐지다

이별했던 부부가 다시 만나 합치게 되는 것을 일컫는 말이다. '파경'이란 말은 거울이 깨어지거나 금이 가서 그 구실을 못하게 된다는 뜻이고 '중원'이란 깨어진 거울이 다시 둥글게 되었음을 의미한다.

남녀가 백년가약을 맺고 결혼을 했다면 처음에는 서로가 죽고 못살 정도로 깊이 사랑을 한 경우가 대부분일 것이다. 하지만 결혼 이후 살아가면서 점점 사랑이 식고, 또 서로 간에 뜻이 맞지 않거나 기타 사유 등으로 이별하는 경우를 우리 주변에서 종종 볼 수 있다.

그런데 세상살이는 일반적으로 비슷하다. 이별 후 다른 사람을 만나 봐도 '그 사람이 그 사람' 같기도 하고 처음 만나 마음을 주고 받으며 함께 고생했던 조강지처가 다시 부각되면서 '서로 이해하지 못할 것도 없을 것'이라 생각되기도 한다. 그러다 다시 만나 합쳐질 수 있다면 그 보다 바람직한 일이 또 있겠는가.

당초부터 헤어지지 말았어야 했지만 뒤늦게라도 후회하고 다시 합치게 된다면 그 앞날은 지난 날보다 훨씬 더 행복한 날들이 될 것이다.

破 깨질 파, 깨뜨릴 파　　　　　鏡 거울 경, 비출 경
重 무거울 중, 거듭할 중　　　　圓 둥글 원, 동그라미 원

도 원 경
桃源境

이상향(理想鄉)

'복숭아 꽃피는 아름답고 따뜻한 곳'으로 속세를 떠난 이상
향 즉 별천지를 뜻한다.

중국 진(晉)나라 때 유명한 시인이며 산문작가인 '도잠'(도
연명, 陶淵明)이라는 사람이 있었다. 그는 어렸을 때부터 어려
운 살림살이를 하면서도 책을 몹시 즐겨 읽었다고 한다.

스스로 도롱이를 쓰고 농민들과 함께 다니며 삼이나 뽕나
무 등 농작물의 생장하는 모습을 보며 이야기하는 내용을 시
나 산문으로 썼다.

도잠이 쓴 시나 산문은 대부분 알기 쉬웠다고 한다. 특히 당시의 포악한 정치와 잦은 전쟁 때문에 시달리면서도 사회에 대한 불만을 가감없이 이야기 했다.

또한 말로 하지 못할 때는 글을 통해 신랄하게 풍자했다. 그의 풍자에서 유쾌하면서도 화목하게 생활할 수 있는 염원이 담겨 있는 이상세계가 '도원경'으로 표현됐다고 전해온다.

즉 도연명이 쓴 글 중 도화원기(桃花源記)에서 나온 말로 후세 사람들은 이 이야기를 빌려 인간세상과 동떨어진 가공의 이상적인 세계를 동경했는데 여기에서 도원락토(桃源樂土)가 유래되었고 이 도원락토를 도원경 또는 무릉도원(武陵桃源)이라고도 한다고 전해진다.

桃 복숭아나무 도   源: 근원 원, 수원 원
境 지경 경, 마칠 경

죽마고우
竹馬故友

―

어릴 때 사귄 오래된 친구

어렸을 때 대말(대나무로 만든 말)을 타면서 같이 놀던 친구라는 뜻으로 소꿉놀이를 하며 친하게 지내던 오래된 친구를 이르는 말로 죽마지우(竹馬之友)라고도 한다.

요즘은 사회가 산업화 도시화되고 각자 삶이 개인 위주의 생활이 되다보니 어려서부터 학교나 학원 위주로 자기 개인 생활에만 열중하게 됐다.

동네 아이들과 어울려 여유 있게 놀면서 우정을 나눌 시간 갖기가 어렵고 어려서나 어른이 되어서나 오로지 자기 하나

밖에 모르며 친구나 이웃을 생각할 겨를이 없게 된 상황이다.

이런 생활에서는 자연히 주변과 사회가 삭막하고 이웃에 누가 사는지도 모르는 경우가 많아 '죽마고우'라는 말이 퇴색되고 있다.

'어려서 친구'가 '참된 친구'라는 말이 있듯이 어른이 되고 사회생활을 하면서 사귀는 친구는 대부분 업무적으로 연관이 있거나 이해타산에 의하여 맺어지는 관계로 때가 지나고 여건이 바뀌면 잊혀 지거나 친밀함이 멀어지게 된다.

하지만 어려서부터 철모르던 시절 사귄 소위 '죽마고우'는 잊혀 질 수 없다는데서 나온 말이다.

| 竹 대 죽, 대쪽 죽 | 馬 말 마, 산가지 마 |
| 故 일 고, 옛 벗 고 | 友 벗 우, 우애있을 우 |

순망치한
脣亡齒寒

—

입술이 없어지면 이가 시리다

서로 떨어질 수 없는 밀접한 관계로 한쪽이 망하면 다른 한
쪽도 온전하기가 어려움을 비유해서 나타내는 말이다.

중국 춘추시대 진(晉)나라 '헌공(獻公)'이 우(虞)나라에게서
재차 길을 빌려 괵(虢)나라를 치려고 했다.

이에 신하 '궁지기(宮之奇)'가 "괵나라는 우리 우(虞)나라의
보호벽이 되고 있어 괵나라가 망하면 우리 우나라도 괵나라
를 따르게 됩니다. 진나라의 야심을 조장 하거나 외적을 가볍
게 봐서는 안 되오니 한번 길을 빌려 준 것도 심한데 또 빌려

주다니요. 속담에 광대뼈와 잇몸은 서로 의지하고 '입술이 없어지면 이가 시리다'고 했는데 바로 괵나라와 우나라 관계를 일러 말한 것 입니다"라고 간언했다.

그러나 우공(虞公)은 그의 말을 듣지 않았고 결과적으로 진나라 군대는 괵나라를 침략하여 멸하고 돌아오는 길에 우나라에 주둔 했다.

그러다 기회를 타서 우나라를 습격하여 멸망시키고 말았는데 이 당시 궁지기(宮之寄)가 말한 "입술이 없어지면 이가 시리다"고 한데서 '순망치한'이라는 고사성어가 유래되었다고 전해온다.

요즘도 대부분의 대기업과 그 대기업에 관련된 물품을 납품하는 하청기업은 그야말로 순망치한의 관계에 있다고 볼 수 있을 것이다.

脣 입술 순, 가장자리 순
齒 이 치, 나이 치

亡 망할 망, 잃을 망
寒 찰 한, 추위 한

안서
雁書

—

기러기가 전하는 편지

기러기 발에 묶어 먼 곳에 소식을 전하는 편지나 문서를 일컫는 말이다.

기러기 발에 달린 글귀나 편지 또는 어떤 소식을 말하는데 지금은 단순히 편지라는 뜻으로도 사용되고 있다.

이 말은 한서(漢書)의 소무전(蘇武傳)에서 유래되는데 '한 무제(漢武帝)'의 사신으로 흉노의 포로를 호송하고 오랑캐인 흉노의 땅에 간 '소무'는 그들에게 붙잡힌 몸이 되었다.

무제가 죽고 소제(昭帝)가 즉위한 후 한나라와 흉노가 다시 화친하게 됐다. 그러자 소제는 흉노에게 자기네 사신 소무를 돌려보내라고 요구하였다.

이에 흉노는 소무가 이미 죽었다고 거짓말을 하였으나 한나라는 사신 소무가 아직 살아 있음을 알고 있었으므로 "우리 천자께서 사냥을 하시다가 기러기를 쏘아 잡았는데 잡힌 기러기의 발에 소무일행이 어느 숲속에서 살고 있다는 내용의 편지가 매어져 있었으니 소무는 죽지 않았을 것입니다"라고 했다.

이 말에 흉노는 깜짝 놀라 자기들이 거짓말한 잘못을 사과하고 소무를 한나라로 돌려보냈다고 한다.

이때부터 '안서'는 기러기가 전해다준 편지라는 뜻에서 먼 거리에서 전해온 편지를 가리켜 말하게 되었다. 한편으로는 '안족(雁足)'이라고도 한다고 전해지고 있다.

雁 기러기 안   書 글 서, 편지 서

금의환향
錦衣還鄕

—

성공해서 고향에 돌아온다

금의(錦衣)는 화려하게 수를 놓은 비단옷을 지칭하는데 옛
날에 왕이나 고관들이 입던 옷으로 출세의 상징이었다.

반면에 평민들이 입던 옷은 흰색의 베옷으로 포의(布衣)라
고 했다.

'비단옷을 입고 고향에 돌아간다'는 말은 '성공하여 고향을
찾는다'는 말이다.

중국 역사서인 사기(史記)에 나오는 항우본기(項羽本紀)에
서 유래된 고사성어이다. 초(楚)나라와 한(漢)나라가 중국 대

룩을 놓고 다투던 시기 항우가 진(秦)나라 수도 함양에 진입했다. 그러자 항우는 가장 높은 자리에 추대되었는데 참모 한생(韓生)이라는 자가 "함양은 아주 좋은 요충지이자 토지가 비옥한 곳이니 이곳을 근거로 하면 천하를 통일할 수 있을 것"이라고 했다.

그러자 항우는 "성공하고도 고향으로 가지 않는다면 비단옷을 입고 밤길을 걷는 것과 무엇이 다르겠냐"며 자신의 군대를 이끌고 고향인 초(楚)나라로 향하는데 이 이야기에서 금의환향이란 고사성어가 유래되었다고 전해진다.

지금도 집을 떠나 객지에 나가 경제적으로나 사회적으로 성공을 하고 이름을 떨치는 등 유명해져서 고향을 찾게 되면 주변에서 모두들 '금의환향'했다고 축하해주는 경우를 종종 볼 수 있다.

錦 비단 금, 비단옷 금	衣 옷 의, 입을 의
還 돌아갈 환, 돌아볼 환	鄕 고향 향, 마을 향

금상첨화
錦上添花

—

비단 위에 꽃을 더한 것처럼 좋은 일이 겹침

비단위에 꽃을 더한다는 뜻인데 예나 지금이나 비단은 귀한 물건이고 꽃 또한 아름다움의 상징이므로 좋은 것에 좋은 것이 겹쳐지는 것을 의미하는 고사성어이다.

중국 북송(北宋)때 유명한 문필가인 '왕안석(王安石)'이 만년에 남경에서 은둔할 때 지은 시 즉사(卽事)에 나오는 구절 '여창잉첨금상화(麗唱仍添錦上花)'에서 유래한 것으로 전해진다. 시의 내용은 다음과 같다.

"강은 남쪽 정원으로 흘러 서쪽 기슭으로 기우는 데 바람

엔 수정 빛이 있고 이슬에는 꽃의 화려함이 있네.

문 앞 버드나무는 옛 도령 댁이요. 우물가 오동나무는 예전의 총지가문이라. 좋은 초대받아 술잔을 거듭하니 아름다운 노래는 비단위에 꽃을 더 함이네.

문득 무릉에서 술과 안주의 객이 되니 시냇물 원류에는 노을이 미쳐 붉지 않네.”

시의 표현처럼 금상첨화는 매우 좋은 뜻이고 아름답고 화려함을 연상 시킨다. 따라서 자신은 물론 내 주변의 모두에게 자주 일어났으면 하는 일이 바로 ‘금상첨화’와 같은 현상일 것이다.

이와 반대로 ‘나쁜 것에 나쁜 것’이 더해지는 ‘설상가상(雪上加霜)’과 같은 일 또한 우리 삶의 현장에서 마주칠 수 있음을 잊지 말아야 할 것이다.

錦 비단 금, 비단옷 금	上 위 상, 오를 상
添 더할 첨, 안주 첨	花 꽃 화, 꽃필 화

고장난명
孤掌難鳴

—

손바닥도 서로 맞부딪쳐야 소리가 난다

한 손으로는 손뼉을 쳐 소리를 낼 수 없다는 뜻으로 혼자서는 일을 이루기가 어렵고 맞서는 사람이 없으면 싸움이 되지 않음을 일컫는 한자성어이다.

손뼉이 울리기 위해서는 두 손바닥이 마주쳐야만 소리가 날 수 있다는 뜻으로 혼자서는 어떠한 일을 성사시킬 수 없음을 비유하거나 맞서는 사람이 없으면 싸움이 되지 않음을 강조할 때 쓰는 말이다.

'고장난명'은 '무슨 일이든 서로 힘을 합쳐야 쉽게 이룰 수 있다'는 긍정적이고 교훈적인 의미를 지니고 있다. 반면에

'서로가 똑같으니 싸움이 되지, 어느 한쪽이라도 양보했다면 다툼이 생기지 않았을 것'이라는 부정적인 의미로도 쓸 수 있는 말이다.

중국 원대(元代)의 '궁대용(宮大用)'이라는 사람이 쓴 칠리탄(七里灘)에서 "네 마음이 성(聖)을 밝히려 해도 운대상(雲臺上) 영웅의 협력이 아니면 너 혼자로는 고장난명이라 한 손으로 홀로쳐서는 아무리 빨리 해도 소리가 없다"라고 한 것을 후세에 줄여서 "손바닥 하나로는 소리를 내지 못한다"는 뜻으로 쓰게 되었다는 유래가 전해지고 있다.

우리가 사회생활을 하면서 모두에게 도움이 될 수 있는 좋은 일은 백지장이라도 맞 들 듯이 서로가 힘을 모을 수 있도록 협조해야 할 것이다.

반면에 대립과 충돌로 사회를 어지럽게 할 수 있는 일은 서로가 양보하는 사회 기풍의 조성이 필요하다고 생각된다.

孤 외로울 고, 홀로 고	掌 손바닥 장, 맡을 장
難 어려울 난, 근심할 난	鳴 울 명, 울릴 명

석고대죄
席藁待罪

잡못을 반성하며
윗사람의 처분을 기다린다

'볏짚으로 만든 거적 위에 엎드려 자기의 잘못에 대한 처벌
을 기다린다'는 뜻으로 처절한 반성을 통해 자기 자신을 뒤돌
아보고 좀 더 나은 모습으로 변화시키겠다는 의지를 강열하
게 표현하는 자세를 일컫는 사자성어이다.

이와 같이 자기의 잘못을 스스로 책망하며 처벌을 기다릴
때 벌을 내릴 사람이 결단을 내리지 않으면 '비가 오든 눈이
오든 계속해서 며칠이라도 기다린다'는 데에서 속죄의 강도
를 깊이 각인시키는 의미를 가진다고 보아야 할 것이다.

그러나 '석고대죄'는 "이렇게 볼품없고 처참한 모습으로 잘

못에 대한 응분의 벌을 받고자하는 반성과 각오가 되어있으니 그만 노여움을 풀고 뜻을 거두어 주십시요"라는 뜻에서 자신을 상대에게 최대한 낮춘다는 의미가 깊다고 할 수 있다. 즉 상대로 하여금 강한 주장을 굽히도록 하거나, 반대로 자신의 주장을 관철시키게 하려는 의도가 내재된 행위라고도 볼 수 있다.

조선 시대 역사에서 '사도세자가 석고대죄를 했다'는 기록을 볼 수 있듯이 석고대죄는 아무나 할 수 있는 것은 아니었다. 과거 왕조 시대의 왕족이나 혹은 고위 관료들이 할 수 있는 높은 수준의 정치적 의미나 체제의 수반이 갖추어 졌을 때나 가능했을 것인데 요즘에 와서는 일반적으로 잘못을 인정하고 응분의 처분을 감수하겠다는 내용의 표현으로 사용되고 있다고 볼 수 있다.

席 자리 석, 깔 석   藁 볏짚 고, 거적 고
待 기다릴 대, 용서할 대   罪 허물 죄, 죄줄 죄

아 전 인 수
我 田 引 水

—

자기에게만 이롭게하려는 생각이나 행동

'자기 논에만 물대기'라는 뜻으로 다른 사람은 생각지 않고 자기에게만 이롭게 되도록 생각하거나 행동하는 것을 이르는 말이다. 즉 어떤일을 하는데 자기만의 이익을 먼저 생각하고 행동하거나 또는 자기에게만 이롭도록 억지를 부리는 행동을 비유해서 표현한 사자성어이다.

사실 농사를 짓는데 가뭄이 들어 논에 물이 마르고 심은 벼가 타 죽으려하는 상황에서 마음 졸이며 안타까워하는 것은 모든 농부가 같을 것이다. 하지만 이런 상황에서도 자기만 생각하고 물길을 자기 논으로만 돌리려고 하는 사람이 있어 주변 다른 사람들의 마음이 오죽하였기에 옛날부터 이러한 말이 생겼을까 하는 생각이 든다.

사람의 야비하고 이기적인 마음을 대변해주는 말로 가만히 놔두면 다 같이 사용할 수 있는 물을 자기만 이롭게 하려고 물꼬를 돌린다는 것은 그야말로 놀부의 심보만이 할 수 있는 일이다.

더욱 안타까운 것은 이러한 일들을 우리 사회에서 흔히 볼 수 있다는 점이다.

인간 사회는 어차피 여러 사람이 함께 공동생활을 하거나 서로 협력해가며 생활하기 마련이다.

굳이 자기만 생각하고 자기주장만 하는 소위 이기주의자들이 있어 모든 갈등의 원인이 된다.

다른 사람의 입장도 생각하며 더불어 생활하는 건전한 사회가 구현되어야 할 것이다.

我 나 아, 아집부릴 아   田 밭 전, 논 전
引 끌 인, 당길 인   水 물 수, 수성 수

적반하장
賊反荷杖

—

도둑이 도리어 매를 든다

잘못한 사람이 잘못이 없는 사람을 오히려 나무라는 경우에 쓰는 말이다.

조선 인조(仁祖)때 학자인 '홍만종(洪萬宗)'의 문학평론집인 '순오지(旬五志)'에는 '적반하장은 도리를 어긴 사람이 오히려 성을 내면서 선량한 사람을 업신여기는 것을 비유한 말'로 풀이 되어 있다.

이처럼 자기 자신의 잘못을 스스로 인정하고 뉘우치거나 미안해하기는 커녕 도리어 성을 내면서 잘한 사람을 나무라는 어처구니없는 경우에 기가 차다는 뜻으로 "적반하장도 유분수지 지금 누가 누구한테 큰 소리인가" 등으로 쓰고 있는 사자성어이다. '주객전도(主客顚倒)'와 비슷한 뜻을 가지고 있다.

또 한 자기가 저지른 어떤 잘못이나 실수에 대하여 그 사태를 피하고 자신의 잘못된 사실을 호도하며 감추려고 잘못된 사항을 이리저리 돌려 말하면서 상대방을 제압하려하는 변명이나 핑계를 대는 경우도 있을 것이다.

이와 같은 현상은 우리가 일상생활을 하며 흔히 볼 수 있는 일이다.

특히 교통사고가 발생했을 때 자기의 부주의나 잘못된 점은 생각지 않고 무조건 큰 소리로 상대방에 억지를 부리는 일은 아마도 적반하장의 대표적인 사례가 될 것이다.

아무리 고집이 세고 자기주장을 강하게 내세우는 사람이라도 정확한 사태파악과 분명한 사리의 분별 앞에는 목소리만 크다고 무조건 우세할 수는 없을 것이다.

賊 도둑 적, 그르칠 적
荷 멜 하, 원망할 하

反 돌이킬 반, 도리어 반
杖 지팡이 장, 몽둥이 장

역지사지
易地思之

―

서로가 입장을 바꿔 생각해 본다

자기에게 처해진 입장이나 처지를 다른 사람과 바꾸어서 생각해본다는 뜻으로 상대방의 처지에서도 생각해보라는 말이다.

중국 고전 '맹자(孟子)'의 이루편(離婁編)에 나오는 '역지즉개연(易地則皆然)'이라는 표현에서 비롯된 말로 다른 사람의 처지에서 다른 사람의 고통을 자기의 고통으로 생각해보며 어지러운 세상을 살아가는 삶의 태도를 깨우치도록 한 말로 오늘날에도 널리 사용되고 있다.

한편 맹자 이루편에는 "남을 예우해도 답례가 없으면 자기 자신의 공경하는 태도를 돌아보고 남을 사랑해도 친해지지 않으면 자기의 인자함을 돌아보고 남을 다스려도 다스려지지 않으면 자기의 지혜를 돌아보라"는 말도 나온다.

이 모두가 자기중심의 시작이 아니라 상대의 시각에서도 헤아려 보라는 말일 것이다.

요즘과 같이 사회가 각박하고 자기중심적인 개인주의 위주에서는 누구나 다른 사람에게 강요하거나 기대하기에는 많은 무리가 따를 수 있다.

그래서 우리는 상대방의 입장과 상대방에서 본 자기 자신을 한 번 더 생각할 수 있는 지혜와 여유를 갖도록 노력해야 할 것이다.

한동안 관공서 민원실의 벽에 '易地思之'라는 말을 표어로 붙여놓고 담당 공무원으로 하여금 민원인의 입장에서 일을 처리하도록 하는 예가 있었는데 좋은 현상이라 생각된다.

| 易 바꿀 역, 고칠 역 | 地 땅 지, 지위 지 |
| 思 생각할 사, 생각 사 | 之 갈 지, 어조사 지 |

문 전 성 시
門 前 成 市

—

문 앞을 시장처럼 많은 사람들이 몰려 든다

권세가나 부자가 되어 대문 앞이 찾아오는 사람들로 인해 마치 시장 바닥을 연상할 만큼 북적대는 것을 비유한 말이다.

중국 전한(前漢)시대 약관의 젊은 나이로 황제자리에 오른 '애제'가 나랏일은 뒷전으로 하고 사랑하는 여인 곁에만 있어 신하들이 걱정을 많이 하고 있었다.

하루는 '정승'라는 신하가 황제를 찾아와 백성들을 굽어 살펴 달라고 눈물을 흘리며 충성스런 말을 하고 있는데도 사랑에 눈이 멀고 노는 것만 좋아하는 황제는 정승의 충언이 모두 귀찮은 잔소리로만 들렸다.

마침 이러한 황제의 마음을 눈치 챈 간사한 신하가 황제의 비위를 맞추려고 "폐하 정승의 집 앞에는 날마다 사람들이 찾아와 문전성시를 이루고 있다 하니 그를 조심하십시오"라고 얘기하자 황제 또한 그 말을 듣고 "시장에 사람이 모이는 것처럼 정승 집 앞에 사람이 많이 모인단 말인가"하며 정승을 옥에 가두었다는 말에서 유래된 고사성어로 전해온다.

옛날이나 지금이나 권력을 가진 사람 집에는 많은 사람이 모여 들며 권세자의 눈도장이라도 받으려 하는 경향은 변치 않는가 보다.

또 다른 한편으로 요즘에는 잘한다고 소문난 맛집 앞에도 사람들이 몰려 줄을 서는 등 글자 그대로 '문전성시'를 이루는 현상을 흔히 볼 수 있다.

門 문 문, 집 문	前 앞 전, 앞설 전
成 이룰 성, 이루어질 성	市 저자 시, 장사 시

목불인견
目不忍見

차마 눈 뜨고 보기 어려운 광경이나 참상

눈 뜨고 차마 볼 수 없을 정도로 딱하거나 참혹한 상황을 가리킬 때 하는 말이다.

한편으로는 하도 어이가 없고 기고만장으로 잘난 체하여 차마 눈뜨고 볼 수 없는 아니꼬운 모습을 비유해서 표현하기도 한다.

'목불인시(目不忍視)'라고도 하는데 중국 명(明)나라 '주국정(朱國禎)'의 필기인 "용당소품(涌幢小品)의 단대기(丹臺記)에서 데려가 지옥을 보게 하니 그 광경이 참혹하여 눈뜨고는 차마 볼 수 없어 서둘러 달아났다"는 데서 유래되었다고 전해진다.

실제로 우리가 일상 생활하는데 흔히 볼 수 있거나 사용되는 말로 비참하거나 안타까운 상황이 생겨 평소와 달리 몰골이 말로 표현하기가 어렵게 달라졌을 때, 또는 어쩌다 예상 밖으로 일이 잘 풀렸다고 평소의 주제파악도 못하고 눈꼴 사납게 잘난 체하며 상대방을 재수 없게 했을 때 누구나 쓸 수 있는 말이 '목불인견'일 것이다.

특히 요즘 TV에 자주 나오는 아프리카 빈곤국가의 어린이들이 제대로 먹지 못하고 각종 질병에 시달리는 모습을 보여주며 구호 활동을 하고 있음은 목불인견으로 인한 인간의 측은지심을 우러나게하는 좋은 사례라 할 수 있을 것이다.

目 눈 목, 눈여겨볼 목   不 아니 불, 아닌가 부
忍 참을 인, 차마못할 인   見 볼 견, 보일 견

견강부회
牽强附會

억지 주장을 하며
자기에게 유리하게 끌어다붙임

　근거가 없고 사리에도 맞지 않는 말을 억지로 끌어다 붙여 조건이나 이치에 맞도록 꾸며 자기에게 유리하게 주장하는 것을 비유하는 사자성어이다.

　본래 '견합부회(牽合附會)'라고 썼는데 중국 송(宋)나라의 역사가 '정초(鄭樵)'가 "동중서(董仲舒)라는 사람이 음양학으로 이설(異說)을 창도하여 '춘추(春秋)'에 억지로 끌어다 붙였다"고 음양설(陰陽說)을 비판하며 동중서의 주장보다 더 깊고 넓은 사유의 세계가 있음을 강조한데서 유래하였다고 전해진다.

전한(前漢)의 유학자인 '동중서'는 유학(儒學)을 중국 국가의 주된 이념으로 하는데 결정적인 역할을 하여 양(陽)은 강하고 음(陰)은 유하다고 보는 음양설을 강조한 학자이다.

우리 주변에서 소위 자기주장이 강하다고 하는 사람들 중에는 어떠한 일의 전후좌우의 배경이나 온당한 이치도 찬찬히 살피지 않고 가당치도 않은 말을 끌어다가 붙여가며 억지를 부리는 경우를 볼 수 있다. 이런 경우 상대방을 황당하게도 하는데 결코 올바른 자세는 아닐 것이다.

이러한 일은 국가와 국가간에도 종종 볼 수 있는 일인데 일본수상 아베는 우리가 요구하는 위안부 사과 및 보상에 대하여 논리와 역사적 사실에도 맞지 않는 억지주장을 하며 한국에 대한 수출규제로 연관시키는 것은 전형인 견강부회가 아닌가하는 생각을 해본다.

牽 끌 견, 이끌 견   强 강요할 강, 힘쓸 강
附 붙일 부, 붙을 부   會 모을 회, 모일 회

병가상사
兵家常事

—

흔히 있을 수 있는 일로 한두 번의 실패에
낙심하지 말라는 뜻

병가(兵家)에는 늘 있는 일이라는 뜻으로 전쟁에서 이기고 지는 일은 병가에서 흔히 있을 수 있는 일이므로 지는 일이 있더라도 낙심하지 말하는 뜻의 고사성어이다. 싸움에 있어서 승패도 중요하지만 그 싸움에 임하는 자세와 승패에 따르는 마음가짐 또한 중요하다는 뜻으로 쓰이는 말이다.

사람은 누구나 성공과 실패가 있을 수 있는 일이고 실패는 성공하기 위해 겪어야 하는 하나의 과정이라고 생각한다면 병가상사란 실패를 너무 두려워하지 말라는 의미가 담겨 있다고 보아야 할 것이다.

중국 당나라 헌종(憲宗)은 여러가지 문제로 국운(國運)이 쇠락한 상황에서 임금이 되었는데 회서(淮西) 지방의 절도사 오원제(吳元濟)와 싸움에 나섰던 장수가 패하고 돌아오자 신하들이 오원재와의 싸움에 부담을 느끼고 싸움을 말렸으나 헌종은 '승패병가지상사(勝敗兵家之常事)' 즉, '전쟁에서 이기고 지는 일은 병가에서 늘 있을 수 있는 일'이라고 말하며 개혁을 위해 계속 싸우겠다는 의지를 보였다고 하는데 이 말은 당나라 역사서 중 하나인 구당서(舊唐書)의 배도전(裵度傳)에서 유래되었다고 전해온다.

사람이 하는 일이란 언제나 성공만 보장될 수가 없다. 부진하거나 실패하는 일이 있더라도 굳건한 의지와 용기를 잃지 않는 생활 자세가 견지되어야 할 것이다.

여기서 병가(兵家)란 군대, 군비, 전쟁 등 군대와 관련된 일에 종사하는 사람을 일컫는다고 보아야 할 것이다.

| 兵 병사 병, 군사 병 | 家 집 가, 살 가 |
| 常 항상 상, 떳떳할 상 | 事 일 사, 일삼을 사 |

백의종군
白衣從軍

—

벼슬이나 직위가 없이 전쟁터로 나간다

벼슬이 없는 신분으로 군대를 따라 싸움터로 나아간다는 뜻인데 글자대로 풀이하면 흰옷을 입고 군사를 따라 전쟁터에 나아가는 것을 비유해서 표현한 사자성어이다.

과거 조선시대 벼슬아치들은 직급에 따라 색깔과 문양이 다른 복장을 했지만 일반 평민들은 대개 흰옷을 입었기 때문에 백의(白衣)는 벼슬하지 않은 일반 백성의 상징이 되었다.

백의종군은 직책에 맞는 옷이 없이 평민 또는 말단으로 전쟁터에 싸우러 가거나 그냥 아무런 직책없이 직급이 있는 사

회에서 일하는 것을 의미한다고 보아야 할 것이다. 또한 백의
종군은 조선시대 무관직(武官職)의 징계 처분 중 하나로 진짜
흰옷(白衣)을 입는다는 뜻이 아니라 관직(官職)이 없는 상태
의 신분을 가리키는 관용적 표현으로 현대적 처분으로 표현
하면 보직해임과 비슷하게 보아야 할 것이다.

백의종군하면 임진왜란 때 일본군을 물리치는데 크게 공을
세우고도 억울한 죄명으로 투옥과 고문을 당하다 풀려나 백
의 신분으로 다시 명량해전에 참전해 승리를 거둔 이순신 장
군이 대표적인 예가 될 것이다.

그 외에도 삼국시대 김원술과 같이 전에는 장수로 있었으
나 직위없이 전쟁터에 나가 나라에 충성한 사례가 있다가 조
선시대에 와서 그것을 제도화해 신분을 백의종군화하는 일이
자주 있었다고 전해온다.

白 흰 빛 백, 흴 백   衣 옷 의, 입을 의
從 쫓을 종, 따를 종   軍 군사 군, 진칠 군

절차탁마
切磋琢磨

—

학문이나 인격 수양을 위해 최선을 다함

　옥이나 돌 따위를 갈고 깎듯이 학문이나 덕행을 배우고 닦음을 이르는 뜻으로 사용되는 말이다.

　어려서 일찍 부모를 잃고 어려운 환경에서 자라던 공자는 어느 날 당시의 세도가인 계손씨가 연회를 베풀며 학식있는 선비들을 초청한다는 소문을 들었다.
　이 소문을 들은 공자는 이런 기회에 학식이 높은 선비들과 사귀어 보겠다는 마음으로 연회하는 집으로 찾아갔다. 그러나 그 집 하인으로부터 "여기가 어디라고 너 따위가 찾아 왔느냐"는 박대를 받고 쫓겨 나온 일이 있었다.

그 후로 공자는 그때의 수모를 잊지 않고 당시 선비들이 꼭 익혀야 하는 여섯 가지의 '예'(藝: 예절, 음식, 활쏘기, 차몰기, 글쓰기, 계산)를 공부하는데 온 심혈을 다했다.

그 같은 노력과 공부가 오늘날 공자가 성인으로 추앙받게 된 기본을 갖추는 밑거름이 된 것이라는 데서 나온 고사성어다.

한편 시경(詩經) 위풍(衛風)의 기욱편(淇澳篇)에서도 군자를 칭송하는 내용으로 학문과 인격을 끊임없이 갈고 닦아 겉모습까지 완성된 것을 푸른 대나무에 비유하며 '절차탁마'라고 표현하여 자신의 목표를 향해 끊임없이 노력하는 자세를 나타내기도 하였음을 볼 수 있다.

切 끊을 절, 절박할 절

琢 쪼을 탁, 옥다듬을 탁

磋 갈 차, 슬플 차

磨 갈 마, 고생할 마

줄탁동시
啐啄同時

—

알을 깨고 나오려는 병아리와 알 껍질 밖에서
도와주는 어미닭의 일이 동시에 이루어진다

줄탁동기(啐啄同機)라고도 한다. 닭이 알을 품어 병아리를
까는데, 병아리가 알속에서 밖으로 나오려고 알을 쪼을 때 알
을 품은 어미 닭이 그 소리를 듣고 밖에서 알을 쪼아주는 일
이 동시에 행하여짐을 이르는 말이다.

어미닭이 병아리가 밖으로 나오게 알을 깨주기 까지는 하
지 않고 병아리 스스로 알을 깨고 나올 수 있도록 약간의 동
기를 부여하는 작은 도움만을 준다는 의미와 서로가 무르익
어 감을 알고 안과 밖이 동시에 힘을 기울여 만들어 내는 성

과로 풀이할 수 있다. 세상을 살아가는데 많이 겪을 수 있는 크고 작은 일에서 느끼며 참고 할 수 있는 말이다.

한편 사제지간의 인연이 어느 기회를 맞아 더욱 두터워 진다를 말로 비유되기도 한다.

불가(佛家)에서는 알껍질을 쪼아 깨는 병아리를 깨달음을 향하여 앞으로 나아가는 '수행자'로 보고 어미닭은 수행자에게 깨우침의 방법을 일러주는 '스승'으로 보는 화두로 삼기도 한다. 여기에서 스승은 깨우침의 계기만 제시할 뿐이고 나머지는 제자인 수행자가 스스로 노력하여 깨달음에 이르러야 하는데 여기에도 때가 있어 깨달아야 할 때 깨닫지 못하면 헛일이라는 뜻도 담겨있다고 보는 경향이 있다.

원래 중국 민간에서 쓰던 말인데 송(宋)나라때 벽암록(碧巖錄)에 화두(話頭)로 등장한데서 유래되었다고 전해온다.

啐 지껄일 줄, 놀랄 쵀   啄 쪼을 탁(착), 문두드릴 탁
同 한가지 동, 같이할 동   時 때 시, 기약 시

409

은악양선
隱惡揚善

—

남의 나쁜 점은 숨겨주고 좋은 점은 드러낸다

중국 고전 사서(四書)의 하나인 중용(中庸)에 나오는 말이다. "공자는 순 임금이 크게 지혜롭다고 했는데 그것은 순 임금이 묻기를 좋아하고 사소한 말이라도 잘 살펴서 은악양선(隱惡揚善)한다"고 한데서 전해졌다. 포용과 양해의 정신으로 자신의 행동을 성찰하도록 하여 과오를 범하지 않게 함은 물론 선행을 권면하는 내용을 담고 있다.

여기에서 '은악양선'은 자기 자신의 일보다 상대를 염두에 두고 말할 때 더욱 그 내품는 의미가 심오하다고 할 것이다.

즉 상대방의 실수나 잘못한 행위는 감싸주고 반면에 착하게 한 일은 드러내준다는 뜻이다.

사람은 누구나 실수를 범할 수 있다. 따라서 상대방이 방심으로 한 실수를 덮어줄 때 그로 하여금 잘못을 느껴 더욱 분발하게 하여 다시는 더 이상의 실수를 범하지 않게 하는 계기가 되게 할 것이다.

반면에 상대방이 잘한 일은 아무리 사소한 일이라도 드러내어 남들로부터 칭송을 받게 해 준다면 그는 앞으로도 크고 작은 선행을 지속할 수 있는 격려가 될 것이다.

이처럼 실수는 덮어 주고 선행은 드러내주는 것은 건전한 사회를 이루는데도 크게 기여 할 것이다. 그러나 요즘같이 자기 홍보에만 열중하는 세태에서는 남의 흉은 어떻게라도 들춰내어 찍어 누르고 자기 자랑만 앞세우려는 경향이 심하다. 사람마다 더 많은 이해와 아량이 앞서야 할 것이다.

隱 숨을 은, 숨길 은   惡 미워할 오, 나쁠 악
揚 오를 양, 날릴 양   善 착할 선, 좋을 선

골육상쟁
骨肉相爭

—

형제 자매와 같이 가까운 혈육끼리 싸운다

글자대로 풀어보면 뼈와 살이 서로 다툰다는 말이다. 그런데 뼈와 살은 한몸으로 이루어졌다. 곧 형제처럼 가까운 혈족끼리 서로 다투며 싸우는 것을 뜻한다. 골육상잔(骨肉相殘)과 비슷한 뜻으로 쓰이기도 한다.

중국 후한(後漢) 말기의 노련한 정치가이자 뛰어난 전략가인 '조조'와 관련된 일이다. 그의 후계를 잇게 된 큰 아들 '조비'가 향후 권력유지에 잠재적 위험요인이 될 수도 있는 그의 동생 '조식'을 제거하려 한다.

어느 날 조비는 동생 조식에게 일곱 걸음을 걷는 동안 시(詩)를 제대로짓지 않으면 큰 벌을 내리겠다고 엄포를 준다. 그러자 조식은 그 자리에서 시 한수를 지어 위기를 모면하는데 이때 지은 시에서 '골육상쟁'이라는 말이 나왔다고 전해진다.

그러니까 부모·형제와 같이 가까운 사이에 서로 싸우는 것을 비유한 말이다. 크게 보면 6·25 한국전쟁과 같이 같은 민족끼리 서로 피를 흘리는 전쟁을 골육상쟁이라 할 수도 있을 것이다.

형제 간에 부모님으로부터 물려 받는 재산이나 기타 권세 같은 일로 서로 다투면서 세간의 눈을 찌푸리게 하는 일들도 마찬가지다.

이같은 일이 흔하게 발생하고 있음을 볼 때 인간의 무한한 욕망 앞에서는 부모 형제의 근본도 어쩔 수 없는 현실임에 안타까움을 느낄 뿐이다.

骨 뼈 골, 뼈대 골

相 서로 상, 도울 상

肉 살 육, 고기 육

爭 다툴 쟁, 다투게할 쟁

가도멸괵
假道滅虢

—

임시로 길을 빌려 쓰다가 마침내 길을 빌려준
상대를 쳐서 없앰

우(虞)나라의 길을 빌려 괵(虢)나라를 친다는 뜻으로 속셈
을 감추고 적을 안심시킨 후에 기습하는 일종의 전술이라 할
수 있다.

중국 춘추전국시대 진(晉)나라가 서쪽에 있는 괵나라를 침
범하고자 진나라와 괵나라 사이에 있는 우나라에 괵나라를
치러가는 길을 빌려 달라고 요구했다.

한편 진나라의 침범이 두려운 괵나라는 우나라에 길을 빌
려 주지 말라고 간청했다. 그러나 어리석은 우나라는 진나라
에 길을 빌려 주었다. 이로써 진나라는 괵나라를 멸망시키고

414

돌아오는 길에 그 길을 빌려준 우나라 마저 멸망 시킨데서 생긴 말이다.

일찍부터 괵나라와 우나라를 정복하려는 야심을 가졌던 진나라가 우나라에 길을 빌려달라는 핑계로 괵나라를 무너뜨린 뒤 결국에는 우나라까지 멸망시키는 군사 계획의 속내를 숨기는 구체적 수단을 표현한 고사성어이다.

지금도 그와 비슷하게 개인 간에는 물론이고 각 나라들 사이에서도 자기들만의 욕망을 채우기 위해 속마음을 감추고 온갖 술수와 감언이설 등으로 상대를 속이고 자기들의 이익만 추구하는 세력들이 팽배하고 있다.

그러므로 힘이 약하거나 삶의 바른길을 찾는 쪽에서도 이에 뒤지지 않는 정의와 진실의 힘이 더욱 많이 펼쳐지는 세계가 구현되도록 노력해야 할 것이다.

假 잠시 가, 빌릴 가   道 길 도, 인도할 도
滅 멸망할 멸, 꺼질 멸   虢 손톱자국 괵, 나라이름 괵

군자불기
君子不器

—

군자는 쓰임이 정해져 있지 않다

군자는 그릇(일정한 용도로 쓰이는 데가 한정된 기구)이 되어
서는 안 된다는 뜻으로 논어(論語) 위정(爲政)편에 나오는 말
이다.

실은 군자(君子)라는 말 자체가 조금은 어렵게 느껴지는데
그냥 많은 노력과 수련을 통해서 학식과 덕행을 높게 이룬 사
람 정도로 이해하면 될 것 같다.

그러니까 군자는 쓰이는 데가 일정하지 않고 알맞게 두루
두루 쓰이지 아니함이 없이 원만해야 한다는 뜻으로 풀이
된다.

그릇은 각기 다양한 음식이 담기는데 꼭 맞게 소용대로 만들어지게 마련이다.

사람이 그릇과 같이 된다면 그 사람은 곧 한 가지 전문적인 기능만 가진 인재에 불과하게 되는 바 이는 군자라고 이를 수 없다는 의미이다.

그러나 이것은 공자가 살았던 삼천년 전의 시대 상황에서 본 얘기다.

오늘 날과 같이 다양하고 전문화된 사회에서는 어느 한 분야가 되던 전문적 지식이나 기술을 가진 전문가의 역할이 크게 필요로 하는 시대이다.

하지만 그렇더라도 사람은 전문적인 학식이나 기술에 이르기 전에 사람(군자)으로서 갖추어야할 기본 덕행이 우선되어야 되지 않을까 하는 생각을 해본다.

君 임금 군, 스승 군

子 아들 자, 남자 자

不 아니 불, 아니할 불

器 그릇 기, 그릇으로 쓸 기

각골난망
刻骨難忘

—

은혜가 뼈에 사무쳐 잊혀 지지 않는다

남에게 입은 은혜를 뼈에 새겨 두고 잊지 않는다는 의미의 고사성어이다.

'뼈에 새길(刻骨)' 정도로 '잊을 수 없다(難忘)'는 말은 '원한을 잊을 수 없다'는 뜻도 되겠지만 보통 은혜를 잊지 못한다고 강조 할 때 더 많이 쓰인다.

증오나 한(恨)을 잊지 못할 때 쓰는 '골수(骨髓)에 사무치다'와는 약간 달리 표현되는 것으로 보아야 할 것이다.

각골난망은 '죽어서라도 은혜를 갚는다'는 뜻의 결초보은 (結草報恩)이나 '죽어서 백골이 되어도 그 은혜를 잊을 수 없다'는 뜻의 백골난망(白骨難忘)과 비슷한 의미다.

중국 진(晉)나라의 장수 '위과(魏顆)'가 도저히 대적할 수 없는 진(秦)나라의 명장 '두회(杜回)'를 사로잡은 이면에는 묶어 놓은 풀에 발이 걸려 쓰러지게 한 결초보은(結草報恩)의 유래와 각골난망은 연관이 있다고 보아야 할 것이다.

이처럼 은혜를 베풀면 언젠가는 그에 대한 보답이 있다는 세상의 이치를 제시해주기도 하는 말이다.

누구나 세상을 살아가려면 본의 아니게 어려움에 처해 남의 은혜를 입는 경우나 반대로 남에게 은혜를 베풀게 되는 일이 있기 마련이다.

고마움을 잊지 않는다는 것도 사람이 갖추어야 할 기본 도리임을 잊지 말아야 할 것이다.

刻 새길 각, 깍을 각
難 어려울 난, 재앙 난

骨 뼈 골, 뼈대 골
忘 잊을 망, 건망증 망

온고지신
溫故知新

옛 것을 익혀 새 것을 안다

온고이지신(溫故而知新)이라고도 하는데 옛 것을 익히고 옛 것을 바탕으로 해서 새 것을 안다는 뜻이다.

옛 학문을 되풀이 연구하고 현실을 처리할 수 있는 새로운 학문을 이해하여야 비로소 참다운 지식으로 삼을 수 있다는 뜻으로 해석할 수 있다.

논어(論語) 위정(爲政) 편에 나오는 말로 '옛것을 복습하여 새것을 아는 사람이라면 남의 스승이 될 만하다'라고 공자님이 말씀하신데서 나온 고사성어이다. 그러니까 과거의 전통과 역사가 바탕이 된 후에 새로운 지식을 습득하여야 제대로 된 지식을 얻을 수 있다는 말이다.

세상의 모든 만물이 뿌리가 되는 지난날의 확실한 원인이 있어야 오늘의 뚜렷한 결과가 나오듯이 오늘이 있게 된 근본과 원인을 알아야 함은 우리가 얻고자 하는 지식의 바탕을 확실하고 굳건하게 하기 위해서다. 그래서 세종대왕께서도 '뿌리가 깊은 나무는 바람에 쉽게 흔들리지 않는다'는 내용의 '용비어천가'를 지어서 만 백성에 널리 알린 것이 아닌가 생각된다.

우리가 역사를 공부하고 전통문화를 소중하게 보전하고자 하는 것도 모두 그것을 바탕으로 새로운 문화를 창달하기 위해서라고 확신해본다.

溫 따뜻할 온, 익힐 온   故 일 고, 본디 고
知 알 지, 알릴 지   新 새 신, 새롭게 할 신